U0871253

爱立方
Love cubic
育儿智慧分享者

微信扫描以上二维码，或者搜索“爱立方家教育儿”

公众号即可加入“爱立方家教俱乐部”，阅读精彩内容：

孩子不愿说，父母更要知道怎么办

解开孩子心结的方法

〔韩〕李京子◎著　　于　涛◎译

中国妇女出版社

图书在版编目（CIP）数据

孩子不愿说，父母更要知道怎么办：解开孩子心结的方法 /（韩）李京子著；于涛译. -- 北京：中国妇女出版社，2015.7

ISBN 978-7-5127-1124-2

Ⅰ. ①孩… Ⅱ. ①李… ②于… Ⅲ. ①家庭教育 Ⅳ. ①G78

中国版本图书馆CIP数据核字（2015）第139071号

아이의 엉킨 마음을 풀어주는 법
Copyright © 2014 by KYEONGJA LEE
All rights reserved.
Simplified Chinese copyright © 2015 by China Women Publishing House through Beijing Read Product Joint Culture Media Co.,Ltd.
This Simplified Chinese edition was published by arrangement with Aurum, an imprint of Munhakdongne Publishing Corp. through Agency Liang.

著作权合同登记号图字：01-2015-3243

孩子不愿说，父母更要知道怎么办——解开孩子心结的方法

作　　者：〔韩〕李京子　著
译　　者：于　涛
责任编辑：肖玲玲
封面设计：回归线视觉传达
版式设计：许　可
责任印制：王卫东
出版发行：中国妇女出版社
社　　址：北京东城区史家胡同甲24号　　邮政编码：100010
电　　话：（010）65133160（发行部）　　65133161（邮购）
网　　址：www.womenbooks.com.cn
经　　销：各地新华书店
印　　刷：三河市金元印装有限公司
开　　本：165×235　　1/16
印　　张：14.25
字　　数：145千字
版　　次：2015年7月第1版
印　　次：2015年7月第1次
书　　号：ISBN 978-7-5127-1124-2
定　　价：30.00元

版权所有·侵权必究　（如有印装错误，请与发行部联系）

前言

孩子为何变得如此陌生、难以接触

到我的咨询室进行咨询的孩子都是普通孩子，他们的父母也不存在什么特殊问题。但是，无论是父母还是孩子都说自己身心疲惫、痛苦不堪。

父母与孩子之间没有互相传达爱意，相反在互相伤害，让对方伤痕累累。他们往往在对方旧伤未愈之前，又因无心的话语给对方增添新伤。在他们的生活中，“幸福的家庭”之类的话语已经消失很久了，无论是父母还是孩子都希望这如同炼狱般的日子过得快些。但是倘若他们之间的关系不发生改变，即使时间流逝也解决不了任何问题。

父母在某个瞬间会突然觉得，以前那天使般的孩子怎么变得如此陌生。以前孩子总是跟在父母后面不停地问这问那，而那时候父母会觉得烦，可现在无论父母主动问孩子什么，孩子都默不作声，只是回到自己房间，“哐”的一声关上门。孩子都在想些什么，他有什么烦恼，父母无从知晓。面对这种情况，父母的焦虑和烦闷与日俱增。父母担心孩子，想要和孩子谈谈，孩子却嫌父母唠叨。如此一来，父母和孩子之间的对话越来越少，距离也越来越远。很多父母会有这样的感觉：

明明是我的孩子，却觉得很陌生。

爱孩子的心从来没有改变过，却觉得如此疲惫。

一想到孩子正以怎样的想法生活，就觉得恐惧。

想要与孩子敞开心扉谈一谈，却觉得很难。

想要知道孩子内心真正的想法，却觉得害怕。

本书中的主人公是拒绝与父母、朋友、社会沟通，关闭了心门，疲惫地活在自己世界的孩子，以及那些看着孩子痛苦自己却束手无策，因而更加痛苦的父母。

觉得任何人都无法理解自己而选择自残的女中学生，因为爸爸总是让自己学习而沉迷游戏的男中学生，被同学们孤立而失语的小学生……这些孩子并不是有严重心理问题的孩子，他们都是一些在我们周围随处可见的普通孩子，只是受的伤害比别人多一些，痛苦比别人深一些罢了。

通过来咨询室咨询，父母知道了孩子连呼吸都感到困难的真正原因，但是只有父母从言语上和行动上真正改变自己，才能重新恢复和孩子之间的关系。父母要知道当自己不分青红皂白地冲孩子发火、威胁孩子的时候，孩子受到了多么大的伤害。对于那些被烙上问题学生烙印、让老师伤透脑筋的孩子，老师应该以更多的爱心和耐心来包容他们。

孩子“说不出的心情”只能化作道道伤口

很多大人总是习惯用批评的口吻说现在的孩子没大没小不懂礼貌、目中无人，因而很为国家的未来感到担心。但是如果你与孩子接触，仔细观察他们，就会发现事实并不是这样的。孩子只是不知道该用什么方法和大人沟通，不知道怎样把自己最真实的想法传达给他们，也不知道应该怎样向他们请求帮助而已。

孩子希望父母能听一听自己内心的真正声音，但是大多数大人根本不关心孩子的想法。他们只要听到孩子说话，看到他们的某种行为，就会不由自主地否定他们，训诫他们。所以孩子根本没有机会把自己内心真实的想法说出来，只能深深地埋藏在心底。

其实，在孩子不好行为的背后是有原因的。如果父母能够觉察到真正的原因，那么父母与孩子之间也就不存在什么问题了。对于可以洞察孩子内心想法的父母来说，就算看到孩子默不作声地转身回自己房间，只留下背影，他们也能够放心地在门外等着。如果父母真的了解孩子关紧房门的原因，也可以跟着孩子进到房间。或许面对这样的父母，孩子会自己走出房间。

孩子如果能够从父母那里得到充分的理解、关爱和鼓励，就会成长为一个自尊、自信的孩子。那样的话，孩子不仅自己觉得幸福，也会和周围的人相处得很好。一个总爱挑朋友缺点的孩子，当他发现朋友有苦恼的时候，只会装作不知道或者视而不见。而一个乐于助人、善于理解他人的孩子，会真正地与周围的人打成一片，生活得很幸福。如果学校里的孩子都是被幸福包围着的，那么学校暴力事件也会逐渐消失。因为学校暴力事件多是一些孩子以暴力发泄自身的不幸和不满引发的。所以，让孩子幸福是预防学校暴力事件的根本方法。

真心希望看到此书的父母能够认真倾听孩子的心声，能够在情感上与他们产生共鸣，并且能真心地称赞和鼓励我们的孩子。

父母和孩子一同成长

当我们成为父母，在接受祝福的同时，也意味着需要变得更加成熟。孩子既是我们养育的对象，也是给我们指明前进道路的老师。通过孩子，我们可以找到生活的态度和方法，能够意识到生命是如此值得敬畏，也会懂得别人家的孩子也是无比珍贵的。

作为两个孩子母亲的我，在享受他人祝福的同时，也正在为变得更成熟而接受着严酷的训练。在这个过程中，有很多想哭的瞬间，但更多的是内心被幸福填满的时刻。因此我准备在未来的日子里，享受和孩子在一起的每一个瞬间，努力地过好每一天。

本书的完成得到了很多人的帮助。首先，我要向那些来咨询的孩子及他们的父母道一声谢谢，感谢他们相信还有很多不足的我。然后，我要向文学村出版集团的编辑表达我最真挚的谢意。没有你们的帮助，就没有这本解开孩子心结的书；没有你们的鼓励，我也不可能顺利地完成这本书。此外，因为我既要忙于咨询室的工作，又要写作，所以这段时间以来对家人的照顾多有疏忽，在此我要向正在准备考试的儿子，期待成为芭蕾舞演员的女儿，以及一直在我身边支持我、肯定我的丈夫致歉，并且表达我最深的爱意。

李京子

|目　录|

第二章
错误教养使爱变成了伤害

第三章
解开孩子心结的方法

第一章
心灵伤害导致孩子不愿说

“每天早晨我都害怕睁开眼睛”
——因无人理解自己而自残的孩子

“每天早晨我都害怕睁开眼睛。”

脸色苍白的初中一年级学生多彬走进咨询室后这样说道。就在不久前多彬曾有过自残行为。进入中学后，学习科目的增多、繁重的作业让多彬觉得压力很大。她还听朋友说“一旦被高年级的同学盯上就死定了”，这让多彬很紧张。在了解了学校的各种规章制度后，多彬觉得心理负担更重了，因为即使一个小小的错误也要扣分，让人战战兢兢。中学生活的第一天，多彬就像被勒住了脖子一样喘不过气来。

父母的唠叨也给多彬带来了压力。自从多彬进入中学后，父母就跟她说“一定要努力学习”，而且反反复复不停地说。当多彬背上沉重的书包、迈着沉重的双腿走出家门的时候，后面总会传来父母的唠叨：“上课时间不要做别的，注意力集中点儿。”每天刚从学校回到家，又要匆匆忙忙地赶去上课外补习班。多彬把自己内心的疲惫跟妈妈说了，但得到的却是妈妈的斥责："中学生不都是这样吗？你就别发牢骚了。"

那么，是不是相同处境的朋友能理解多彬的心情呢？多彬怀着郁闷的心情向朋友倾诉了自己的苦恼，但是朋友的反应和她想象的不太一样。"又不是什么新鲜事，说它干吗？"说这话的同时，朋友用冷淡的目光望着多彬，于是多彬把想说的话又咽了回去。

实际上和学习一样令多彬感到困难的，还有与朋友的相处。"我听说几个人表面上看起来很要好，其实内部会分成不同的小集团。在自己面前说其他人坏话的同学，反过头来也会在别的同学面前说我的坏话。一想到和我一起玩耍欢笑的朋友，可能在背后诋毁我，我就觉得后背发凉。"多彬这样说道。

朋友无法理解自己

过完暑假后，多彬升入了初中二年级，但是情况并没有好转。好不容易熬过了期中考试，连喘口气还没来得及就又迎来了期末考试。考试，考试，还是考试，一想到完成学业之前每天都要过这种生活，多彬就觉得眼前一片黑暗，看不到光明。于是多彬尝试着到年级的网上聊天室里把自己的烦恼倾诉出来。虽然之前遭到了朋友的白眼，但是多彬还是期待能够找到一个和自己有同感的人。就算没有找到，把心里的话说出来不也会好受一点儿吗？但是之后发生的事情，是她怎么也没有想到的。在多彬的帖子下面有一长串鄙视和嘲弄的恶意留言。

“只有你一个人这么累吗？”

“既然这么累，去死好了。连死的勇气也没有吗？”

“用不用我教你死的方法？”

多彬的内心备受同学们粗暴留言的折磨，她觉得自己好像一下子成了所有人的敌人。在去学校的路上，多彬觉得三五成群的同学都在背后议论自己，她仿佛听见了他们辱骂自己的声音。坐在教室里的时候，她也觉得同学们对自己指指点点。连曾经的挚友现在也变得如此陌生，多彬觉得全世界只剩下了自己孤单一个人。

多彬开始变得食不知味、夜不能寐。因为失眠，多彬经常头疼。她躺在床上，一想到明天会很快到来就感到恐惧。多彬想如果一直睡下去，不再醒来那该有多好。当她看到削铅笔的刀子时，脑子里猛然想起了同学们的留言：“用不用我教你死的方法……”多彬把刀子放在了自己的手腕上，一下子用力按了下去。一点儿反应也没有，也没有疼痛的感觉，但是一会儿血就流了出来。在看到鲜红血液的那一刻，多彬开始感到害怕，她匆忙地找了一个创可贴贴在了伤口上。还好伤口并不是很深，多彬平复了内心的恐惧，又重新躺在了床上，但是仍旧睡不着。

这样的夜晚持续了半个多月。多彬在学校的生活状态仍然没有好转，就连在路上看到穿校服的学生，她也会身上起鸡皮疙瘩，她感觉他们好像跟在自己背后，一直说自己的坏话。在学校里，多彬一整天一句话都不说，就那样坐着，直到放学。回到家后她觉得更孤独。多彬觉得自己实在是承受不了了，于是她再次拿起刀子朝自己的手腕割了下去……衣服、地板、书包，到处都沾满了血。多彬恐惧地尖叫起来，多彬的父母听到叫声后急忙冲了进来。

父母无法理解自己

可能有一些人会咂着嘴说："谁都会经历学生时期，又不是只有你一个人累。"还有一些人可能会忧心地说："家长把孩子养得太娇气了，孩子什么困难都没有经历过。"更有一些人会批评说："现在的孩子都太懦弱了。"诚然，说现在的孩子变得懦弱和主张及时给予陷入痛苦中的孩子力量都没有错，但是在发出这些声音之前是不是应该了解一下孩子眼前正面临着怎样的困难，是什么事情让他们无法承受呢？

那些选择自残的孩子并不是懦弱，而是面对一些情况不知道如何应对。特别是像多彬这样刚刚进入青春期的孩子，他们非常敏感。从另一个角度来讲，处在这个年龄段的孩子脑部额叶区域发育还不成熟。而这个区域的机能恰巧是帮助人们做出理性判断和调节情绪。也正因为这个原因，青少年会经常做出错误的选择。而这些错误的选择会带来怎样的后果，他们是预想不到的。

多彬并不是没有为摆脱痛苦做过努力。她上课的时候集中精神听课；即使身心疲惫也坚持去上补习班；为了恢复和朋友们之间的关系，她也想尽了方法，尽了自己最大的努力。但是多彬"孤独的战役"没有一个人知道。

同学们仍然眼神轻蔑，父母除了学习以外听不进别的事情。

多彬曾经很多次试着向妈妈诉说自己的苦恼，期待妈妈能够帮助自己。有一天妈妈正在洗衣服，多彬坐在妈妈面前说：

“妈妈，中学和小学的差别太大了。”

“那你还认为中学和小学一样？”

妈妈的回答很直接。

“这么累的学校生活真不知道什么时候是个头？”

妈妈那不屑一顾的反应让已经泄气的多彬像是在自言自语。而接下来妈妈又用批评的口吻说道：

“又不是只有你一个人这么累，你还想让妈妈怎么做？进入中学连这点儿思想准备都没有？有时间苦恼还不如回房间多背一个英语单词。哎哟，烦死了，烦死了，真是的！”

发了一通火后，妈妈继续洗衣服，她拿着几条毛巾去了浴室，只剩下多彬一个人蒙了一样地坐在那里。

“我只是想说我有些累而已，并不是说我不想学习。就是最近觉得很累，真的很累，非常疲惫。连累都不可以吗？那么我到底应该怎么做？”

流着眼泪回到自己房间的多彬暗暗下决心，以后再也不敞开心扉和妈妈谈心了。从那天开始，无论妈妈说什么，多彬都默不作声地转身回到自己房间。这样的状态一直持续到自残事件爆发。

心灵受伤的孩子成为其他孩子发泄情绪的对象

一直乖巧听话的女儿，突然做出了在新闻中才看到过的自残行为，多彬的父母感到很震惊，同时内心也很痛苦。但是他们觉得要先安抚住多彬，因为多彬已经逐渐放弃自我，并且不断产生自杀的冲动。来咨询室的第一天，我建议多彬接受心理治疗的同时，也要去医院接受药物治疗。

“朋友们无心说的一句话，你别在意就可以了，为什么要放在心上让自己这么累？”

“无论朋友说什么，你都不要费神去想，因为你自己的想法更重要。”

“如果你能坚强地面对这一切，就更好了……这一切其实都不算什么，过不了多久都会变好的。”

父母和老师出于忧虑会这样一句一句地开解多彬。但是在多彬看来，长辈的这种安慰不过是另一种责备罢了。结果只会让多彬觉得自己是多么的软弱和不足，进而陷入更深的自责中。

有很多成年人认为选择自残的孩子大多承受了常人所不能承受的生命之重，过得很不幸。也有一些人认为这些孩子心理状态不稳定或者过于脆弱，所以才会做出那样的选择。其实对于处在心理敏感期的孩子来讲，长辈一句普通的话都可能给他们带来很大的伤害，更别说是那些他们期待能和自己有同感的朋友们的嘲讽了，那会在他们心上留下更深的伤口。

但是多彬的朋友们为什么会说那么残忍的话呢？他们的处境和多彬没有多大差别，大家都有着同样的烦恼，为什么他们就不能安慰一下内心疲惫的多彬呢？因为我们处在一个充满竞争的社会中，在这样的社会环境下，青少年每一天都过得很疲惫，又如何要求他们之间能够建立健康的友谊呢？这对他们来说是一件很不容易的事。现在的大部分孩子根本不知道快乐为何物，吃力地应对着自己的学生生活，他们自己每天都过得筋疲力尽，又怎么有时间、精力去听其他同学的痛楚呢？因此他们经常会朝处在痛苦和疲惫中的孩子 “扔石头”。他们不会说“你很累？其实我也很累”之类的话，取而代之的却是“就你一个人这么累吗？既然这么累，去死好了”。

现在有很多青少年都处于愤怒中。他们觉得没有人能够理解自己的处境，也没有人能给自己安慰。所以他们有时候就会失去方向，将心中那些无法消除的愤怒随意发泄。如果那个发泄口处正好站着某个身心俱疲的孩子，那么这个孩子就会受到很大的冲击。

多彬恰巧就站在那里。她满心以为朋友们和自己有同样的烦恼，便一股脑儿地把内心深处的话全都吐露了出来：“我在学习上很努力，但是考试结果却不能尽如人意，而且一点儿往好的方向转变的希望也看不到。在这样近乎绝望的日子里，每天睁开眼睛迎接黎明都会让我觉得害怕。”多彬太无助了，于是在网上聊天室里对朋友们说道：“我快累死了。”但没想到自己的诉说却换来了那么多的恶意留言。

这是孩子的问题吗？现在的孩子都变得暴力，变得残忍了吗？我认为不能把问题完全归咎在孩子身上。孩子连自己都得不到他人理解，又怎么能要求他们去理解别人呢？他们连自己的伤痛都得不到安慰，又怎么可能去安慰别人呢？那些孩子不仅没有理解、安慰多彬，反而不停地攻击她，这正反映出我们长辈没有足够地理解孩子、关怀孩子。有时候孩子的问题正是父母问题的反射。孩子愤怒的对象不是自己，不是同学，会不会正是作为父母的我们呢？

给父母的话

孩子一直都在向父母发送信号

从某天起，父母突然发现孩子变得和往常不一样了，他们一时间不知所措。父母百思不得其解，平日里那么乖巧的孩子为什么现在变得如此叛逆，以前那么健康开朗的孩子为什么现在看起来如此无力而忧郁。但是孩子的变化绝不是突然出现的。孩子可能一直都在向我们发送某些信号。孩子发送的信号可能十分微弱，很多时候要是不认真观察的话，就会被我们忽视。因此在确认自己的孩子与众不同或者没有什么问题之前，请仔细观察一下孩子是不是正向我们发送信号。

“爸爸说我很丢人”
——为了逃避学习而沉迷于游戏的孩子

“真不明白他到底怎么想的。”

一位强拉着儿子来咨询室的爸爸说道。他的儿子允植是一名只沉迷于网络游戏、其他什么事都不想做的初三学生。允植看上去十分清瘦。父母说允植去学校坚持不了几个小时就说自己头痛，然后就早退。他在家整天坐在电脑前玩游戏。因为允植早退的次数太多了，老师不再允许他早退，但是就算允植待在教室里，也总是开小差，还经常趴在桌子上睡觉。允植试卷上，放眼望去一片飘红。

初中一年级的时候，允植还没有明显的反抗父母的行为。他因为害怕被爸爸责罚，所以在学习上还算勉勉强强。但是，现在爸爸的话对允植已经不起什么作用了。就算面对体罚，允植也连眼睛都不眨一下，还叫嚷着“要打赶紧打”。面对这样的儿子，爸爸真是束手无策，只能唉声叹气。

过重的学习压力让孩子窒息

“我没有什么可说的。”

和我第一次见面时，允植闭着眼睛好像很困的样子。“原来是困了啊？”我这样问了之后，允植稍稍睁开了眼睛，回答道：“是的。”看起来很不耐烦。

“玩了通宵的游戏，一分钟也没睡。”

“那就先稍微休息一会儿。”

不管怎样，我想让处于似梦非梦状态的允植和我进行对话是一件很困难的事。因此我决定让允植稍微休息一下，先和他的父母谈谈。发怒的父亲，不安的母亲，两个人看起来都愁容满面。

“上中学前，允植一直是个挺乖的孩子。”

允植妈妈看着丈夫的眼色小心翼翼地说道。

“都是因为孩子爸爸总强调学习，学习……”

“你这个人哪，要是每次在我说他之前都先站出来批评他，不就行了吗？在家里你一点儿都不督促他学习，有什么理由这样说我……”

丈夫大声说完后，允植妈妈立刻像个罪人一样低下了头。可以看出来这种情景一定在家里经常上演。通过允植爸爸过激的言行，可以猜想到允植内心一定充满了怨气，在家中的处境也一定很困难。

比起学习来，允植更热爱运动，他是一个充满活力的男孩子。在上五年级之前，几乎每个周末爸爸都会和允植去踢足球，踢得大汗淋漓。虽然爸爸工作很忙，没有太多时间陪伴允植，但是允植一想到周末要和爸爸一起踢足球，他就很高兴。每次畅快淋漓地运动完，允植吃着冰激凌和爸爸走在回家的路上，会谈论这样那样的事情。那时候他们的关系特别亲密。

但是从允植上六年级开始，爸爸就变身为允植的家庭教师了。因为允植上补习班成绩提升得并不明显，所以爸爸干脆自己在家里教儿子英语和数学。从跟父亲学习的那一刻起，允植就变得讨厌学习了。他甚至怀念起以前一三五去上数学辅导班，二四六去上英语辅导班的日子来，虽然那时常常要很晚才能回到家。而现在父亲经常一下子就布置一周的作业，每周六还要从所留作业范围内出考题，错多少道就要打他多少下。

从那时起，允植和父亲的关系就彻底僵了，过去父子俩亲密的关系现在荡然无存。一周中只要一碰面，父亲就问允植作业完成得怎么样。母亲因为害怕听见丈夫唠叨，就催促儿子回房间学习。所以，允植在家中连呼吸都觉得困难。

一味让孩子学习的爸爸

与允植见面的第一天，因为他太累了，我就让他睡了一觉。因此那天我们仅仅打了个招呼而已。即使他已经睡得超过了一个小时，我仍不想叫醒他。对于不愿意和人沟通、为了纾解不被理解的孤独感而沉迷于游戏的允植，绝不能强迫他和我谈话。还不如在他想休息的时候让他休息，这样反而能增加我们之间的信任感。

对于有心结的孩子来讲，叫他们端正态度来回答问题，他们很难接受。如果以他们喜欢的游戏话题开始，或者站在他们的角度上思考问题，可能效果更好。因为孩子平时见惯了对自己大喊大叫、责骂自己的长辈，当遇到理解自己的长辈时，他们很容易就能打开心门。这一切都是因为孩子的内心太孤独了。很多孩子都是因为无法排解内心的孤独与空虚才沉迷于游戏，从而不能自拔的。

第二次见到允植的时候，允植的警戒心已经放松了很多。当我问到“你在家里和学校都是怎样度过的”时，他回答“就那样呗”。虽然不是很情愿的回答，但也没有出现抵触或者厌烦的情绪。第三次见到他的时候，他已不再打哈欠了。我猜想是不是孩子也想找一个人说说话呢？是不是也想一吐为快呢？他只是没有可以说心里话的人罢了。每次我提问，允植的回答总是很简短。这次我首先问了他对爸爸的看法。孩子一时间犹豫了。在我的鼓励与开导下，他开始说话了。

“和我相比，允植是不是更喜欢和爸爸说话？”

“我和爸爸现在基本上无话可说，一见到他就烦。”

“爸爸现在怎么了？”

“就像是被学习鬼附身了。”

“听得出来你很怀念以前的爸爸，对吧？”

“……”

一时间，允植又陷入了沉默中。

人们都觉得沉迷于游戏的孩子没有未来，他们听不进忠告，对他们大吼大叫也完全不起作用。因为无计可施，他们的父母往往感到很绝望。但是，其实孩子是多么期待父母可以理解自己，理解自己是因为无奈才选择了游戏。孩子期待父母能够抚平自己内心的伤痛，把自己从虚拟的游戏世界拉回现实生活中来。孩子分明在等待着，只是他们不能表达出来而已。大部分沉迷于游戏的孩子都对自己失望、讨厌自己，同时为了忘记这样的自己会再次投入到游戏中。如此一来，只能是恶性循环。

如果孩子突然变得爱睡觉或者全部心思都扑在游戏上，那么大部分原因是孩子在逃避现实。允植也是如此。面对丝毫不考虑自己想法、只知道让自己服从的爸爸，允植觉得很难接受，他感到身心疲惫，只想着从爸爸身边逃走。因为他觉得自己再怎么努力也不可能做到爸爸期待中的那样。他自己也讨厌成绩不好、没出息的自己。所以，他只能选择游戏来逃避这一切。

允植爸爸毕业于名牌大学，现在在一家大企业工作。他总是对允植强调："我之所以能够过上人人羡慕的生活都是因为毕业于名牌大学，因此你也一定要考上名牌大学。那样你才能活出个人样儿。"但是允植天生就不善于学习，觉得自己再怎么努力，也不可能像父亲一样考上名牌大学。

"难道我真的就不能活出个人样儿了？难道我连分内的事也做不好吗？"

父亲的期望越高，孩子越缺乏自信。渐渐地，孩子就迷失了自己。

上了中学以后，学业负担更重了。允植再怎么努力，也达不到父亲的要求。每个周五晚上，允植都因为担心第二天与父亲之间爆发的战争而难以入睡。为了摆脱这种心情，允植玩起了游戏。事情就这样开始了。

允植玩游戏的时间越来越长。虽然一开始他是为了摆脱对第二天与爸爸发生战争的担心才玩的，但他发现玩游戏的时候就不想其他的事情了，冲着游戏里的对手不停地射击，一转眼间就迎来了黎明。此时，允植的睡意也涌了上来。这样的结果就是允植早晨起床很困难，勉强睁开眼睛，来到学校，也因为不停地犯困而趴在桌子上睡觉。这样一来，等待允植的就是老师的呵斥和处罚。因为总是挨训，允植开始觉得上学没有意思，觉得一上学就头疼，肚子也不舒服，因此就总是早退。因为早退次数太频繁，老师不再允许他早退，所以允植便开始了逃课。

父母看到已经初三的儿子丝毫不关心升学，也不再完成父亲留的作业，于是更加严厉地对待。但是无论是威胁不给零用钱，还是体罚，好像都不起什么作用。而且孩子对家人，特别是父亲，越来越冷漠，就算父亲主动和他说话，他也一句不答。父亲很郁闷，就开始对妻子发脾气。

“真不知道你在家里都做些什么？就知道整天叫我出去赚钱？”

“除了做饭之外唯一的事情就是教育孩子了，可是就连这也做不好……啧啧啧……”

“听李部长讲他儿子准备考科学高中，而我的儿子……真是丢脸！”

父亲的声调一天比一天高，夫妻两个整天争吵。允植觉得造成这一切都是因为自己，所以他更加自责、孤独、彷徨了。

父母的过高要求会让孩子停止努力

“爸爸说我很丢人。我也明白有一个学习成绩不好的儿子是很丢人。”

允植只是一直说着和父亲相关的话。

“允植看起来好像很想与爸爸恢复关系，而且看起来你和爸爸之间也有过很多美好的回忆，你能说说从前爸爸是什么样的吗？”

孩子暂时把眼睛闭了起来。

“以前爸爸看到我会微笑。”

孩子也不经意地微笑了一下。

“现在他很讨厌见到我。因为我的缘故，他几乎每天都和妈妈吵架。妈妈也是，只要一见到我，就说因为我没法活了。”

“那你一定很受伤。”

“我们家……因为我变得一团糟。”

允植觉得与父亲的关系闹僵，家庭不和睦，都是自己的责任。为此允植内心十分自责。孩子把所有问题的原因都归咎于自己，所以变得意志消沉，极度缺乏自信。

父亲的内心也十分痛苦。

“我只有这么一个孩子，没想到却成了仇人……现在学习已经不是问题了，真不知道像他那样的孩子将来怎么养活自己……”

深深地叹了一口气之后，这位父亲的眼眶湿润了。

父母往往比孩子自己更期待他们能拥有美好的未来，因此总是强调学习的重要性。有一些父母会给孩子关心、鼓励、称赞。这些都会转化为动力，让孩子更加努力地学习，从而取得好的成绩。

但是如果父母的期望过高，就会给孩子造成压力。孩子遭受挫折后，就会泄气，进而自暴自弃。孩子会认为无论自己怎么努力都不能达到父母的要求，所以也就不想做任何努力了。总而言之，从知道自己不可能达成目标的时候起，孩子就会停止努力。长此以往，孩子就变得颓丧无力。

丧失学习目标的孩子会选择其他方式进行逃避。他们或者沉迷于游戏，或者把打架当作家常便饭，或者一个人呆呆地躲在房间里，又或者长时间地睡觉。从对学习失去兴趣的瞬间开始，他们对生活也失去了信心。

给父母的话

绝望导致游戏上瘾

能否让沉迷于游戏的孩子戒掉网瘾、远离游戏呢？虽然切断孩子的经济来源会有一定作用，但那绝不是根本的解决方法。因为如果家里不能玩游戏，他就会去网吧；如果没有钱去网吧，他就会去偷钱。那么，根本对策到底是什么呢？一定要了解孩子沉迷于游戏逃避现实的真正原因。原因虽然因人而异，但也有着共同点，那就是孩子在某方面经历了挫折或者遭受了委屈。孩子在无论怎么努力都不能达成目标的情况下，会产生挫败感和自卑感，所以只能找一个地方来逃避无力的自己。

“不知道，不知道，不知道”
——一到学校就不说话的孩子

只要一到学校，允熙就不说话，不和任何人交流，总是一个人静静地坐在座位上。在进入中学的一年半时间里，允熙每天都是这样度过在学校的 7 个小时。虽然英语、数学都是按照学生水平的不同来授课的，但是允熙仍然听不懂。静静地坐着，便是允熙学校生活的全部内容，就连午餐时间也不例外。虽然允熙也想去食堂吃饭，但是由于没有朋友同去，所以便不去了。允熙不去吃饭只是待在教室里这件事，并没有被任何人注意到。

有时同学们会拿允熙打赌，赌她“会说话”还是“不会说话”。他们故意与允熙搭话，但是没有得到任何回应。因此，同学们开始欺负允熙。有些人想要试探允熙在疼痛的时候会不会说话，于是就拧她、打她，但是允熙依旧一动不动地坐在那里。“真的是哑巴呀。”有同学大声叫喊着。教室后面，学生们不停地议论着什么，允熙的名字不时被提及。

允熙这种疲惫的学习生活是从小学五年级开始的。由于完全听不懂老师授课的内容，允熙每一天都在煎熬中度过。她觉得，只有什么都不想、什么都不做，就那样安静地坐着才能熬得住。到今天为止，允熙已经过了三年的静坐日子，已经习惯了这种生活。

班主任劝允熙的父母带允熙去做咨询，允熙父母稍有犹豫。因为为了让允熙能够正常地接受教育，在允熙小时候父母曾带她接受过心理治疗，但效果并不明显。但是想想女儿上中学后，变得话更少了，表情也一天天地更黯淡了，于是父母抱着最后一丝希望，带着女儿来到了我的咨询室。

发号施令的父母只能造就没有想法的孩子

来到咨询室的允熙和母亲看起来并不亲密，总保持一定距离。与那些担心女儿来到陌生环境会恐惧的母亲、因恐惧而完全依赖母亲的女儿完全不一样，母女两人脸上都没有表情，只是坐在那里。允熙也不看我。

“你们好，请坐。”

我笑着向她们打招呼。

“您好啊，很高兴见到您。这孩子，怎么也不打招呼，真是的！”

和我打过招呼之后，这位母亲用肘部碰了碰一旁的女儿，示意和我打招呼，但是女儿并不理睬，只是通过生气的表情来表达内心的不满。

“这孩子就是这样的。因为觉得丢脸，我都不想和她一起出门。又不是不会说话，我不明白她为什么要这样……”

母亲一点儿也不顾及一旁女儿的想法，直接就向我表达了对女儿的不满。我觉得就此下去会给允熙带来不好的影响，于是打断了母亲的话。拜托允熙先到旁边的等候室待一会儿，然后继续听这位母亲诉说对女儿的种种不满。听完母亲的抱怨后，我开始了和允熙面对面的谈话。

“允熙，天这么热还要来这里是不是感觉很累啊？”

“不知道。”

“你的心情怎么样？”

“不知道。”

“你知道这是什么地方吗？”

“不知道。”

对话才刚刚开始，但是坐在我对面的允熙无论我问什么，她的回答都完全一样。即使只是简单地问问她的想法是什么，她也重复地说“不知道”。

其实，在咨询室里会经常遇到一些像允熙一样无论问什么都不回答的青少年。这些青少年有着共同之处，那就是父母从来不听他们的想法。他们的父母从来不问他们有什么想法，只是一味地命令他们，要求他们按照父母的意思去做。或是即使问了，一旦他们的想法和父母期待的不一样，父母就会完全忽视他们的想法或者呵斥他们。处在这种成长环境中的孩子慢慢地就会失去自己的想法。随着时间的流逝，孩子就会渐渐地停止“自我思考”，最后即使想表达，也做不到了。

允熙一直以来都不愿意和家人对话。到了吃饭的时间，她就从房间里出来吃饭，吃完饭再回到自己房间。她不像同龄人一样狂热地崇拜某个偶像，也从来不看电视剧和书，就那样在房间里发呆，度过每一分每一秒，没有任何想法，什么也不做。

这一切都是从几年前开始的。允熙上了小学五年级之后，随着学业难度的增加，感到学习很吃力，所以无论在学校还是回到家她的话都越来越少。父母问话时，她也不能立刻作出回答，于是父母开始单方面地向允熙发号施令。父母代替允熙决定所有的事情，并且要求允熙无条件地按照他们的要求去做。长此以往，允熙就变成了今天这个样子。

很多时候父母替孩子做决定的潜台词就是：“你还能有什么更好的想法？”他们认为孩子年幼，很多事情都不懂，而已经深谙世事的自己替孩子作出的决定肯定是正确的。但是由此带来的后果却是十分严重的。因为孩子在听从父母安排的同时，也逐渐失去了自己的想法。而这时候父母却又因为孩子不表达而感到郁闷。父母把孩子变成了没有想法的孩子之后，却又生气地数落孩子没有想法，这不是自相矛盾吗？

孩子越来越没“想法”，目光也渐渐黯淡下去，变得越来越木讷。在学校里他们也不能与其他同学正常相处、交往，因为没有人喜欢死气沉沉的同学。

每次需要允熙自己做选择的时候，她总会很吃力。无论是让她选择自己喜欢的游戏，还是给东西排顺序，她都会反复地说：“我觉得都没有关系。”“我觉得都可以。”

在我的劝导下，允熙会像完成作业一样开始和我玩游戏。允熙无论什么时候都习惯了服从，总是别人叫她做什么她就做什么。在她身上根本找不到一个初中二年级学生特有的叛逆。做游戏时她一点儿享受的表情都没有，完全就是觉得不能拒绝才勉强和我做游戏的。一点儿都不自然，不，是非常不自然。而一个孩子只有做出符合她年龄的举动才是自然的。

允熙在家里按照父母的要求去做，在咨询室里按照咨询师的要求去做，在学校就一动不动地坐着。世界上正在发生的那么多事情，都和允熙无关。一个对自己都失去兴趣的孩子，又怎么可能去关心他人和社会上发生的事呢？

激发孩子的沟通欲望

对于没有任何沟通欲望的孩子，要让他走出自己的世界，让他懂得这个世界上还有很多新奇有趣的事物。如果生活在无人岛上，那再怎么与之沟通也没用。但是我们生活的世界是如此丰富多彩，如果像允熙这样的孩子了解到这一点，也许就会变得不一样。如果让他们每天都能感受到新鲜事物，就会重新为他们找回活力。

带领允熙通往外面世界的向导就是新闻。我相信如果允熙能够意识到世界上每一个瞬间都可能发生一些大事的话，那么她一定会有变化的。但是我从允熙母亲那里知道，允熙根本就不想读任何文字。因此我试图用图片把允熙和外面的世界连接起来。幸亏新闻上不仅仅有文字，还有很多精彩的图片。

在咨询室见到允熙的那个夏天，报纸上刊登了很多进口水果的广告。那是大型超市为了提升竞争力刊登的整版广告。那天报纸上樱桃的广告尤为显眼。

“允熙，你喜欢水果吗？”

“喜欢。”

“最喜欢什么水果呢？”

“都喜欢。”

“喜欢樱桃吗？”

“喜欢，但是太贵了……”

“现在樱桃已经不像过去那样贵了，你看新闻上不是已经写了吗？”

“这种事情也会刊登在报纸上吗？”

现在最重要的事情就是吸引允熙的注意力，一旦引起了她的兴趣便成功了。因为允熙是那种不轻易对一般事物感兴趣的孩子。但是当听说报纸上登了关于她喜欢的樱桃的信息时，一下子就引起了她的好奇。

“真的呀！”

我把报纸展开铺在她的眼前，那是一张刊登着 E-MART（超市名称）和乐天玛特（超市名称）活动期间水果打折的广告宣传图片。

“要想买樱桃的话，应该去哪个超市呢？这个超市又在哪里呢？”

“这个我怎么才能知道呢？”

孩子的眼睛亮了一下。

“只要比较一下两个超市樱桃的价格不就可以了吗？”

“哇，真的很神奇。这种事情也会被登在报纸上。”

“在报纸的新闻中，社会上发生的大大小小的事情都会被刊登出来。不仅仅是我们国家的事，外国正在发生的事也会报道。”

“真是这样吗？”

“你把报纸翻过来看看，这里还有美丽景色的照片呢。”

我们两个一起看了图片。看到我感叹美景时，允熙的表情有一些尴尬。因为她现在还不能做出丰富的表情，特别是大笑或者感叹事物，她完全做不出来。她只能在嘴边露出一丝微笑。但是允熙的好奇心已经被勾起来了，这已经是不小的变化了。

因为没有想法，所以无法表达

放暑假的时候，允熙来我这里正巧看到报纸上有一则“为疲惫的暑期来一次皮肤管理”的新闻，这引起了她的注意。

“土豆和黄瓜也可以用来按摩吗？”

允熙在我这里通过新闻逐渐对一些事物产生了兴趣。也不是什么很长的新闻，允熙读起来没有什么负担，全部可以理解。因此允熙决定在家里也要多看报纸，然后把自己感兴趣的新闻剪下来贴在笔记本上，下次会面的时候拿给我看。这样，她对社会上各种各样的事情越来越有兴趣，她的提问多了起来，也开始逐渐地表达自己的观点了。当我问她出于什么原因才选择某则新闻的时候，她也不再回答“就那样”，而是说：“因为太美了，有时间我也一定要去看看。”这么看来，她也能够准确地表达自己的情感了。

甚至当她看到一则关于中学生自杀的新闻后，还和我进行了一场辩论。允熙对我的意见进行了强烈的辩驳，在这个过程中也逐渐吐露了她被同学孤立的痛苦。

“校园暴力和孤立同学这样的事情就不能被消除吗？”

我装作自言自语，担忧地低声说道。

“绝对不会消失的，这种事。”

允熙反驳我道。

“要是旁观者改变态度呢？”

“旁观者是不会改变的。”

这是生气的语调。过去允熙并不会诉说自己被同学孤立的痛苦，那时她既不发火，也不向长辈求助。一直以来都是默默忍受的允熙看到别人也像她一样被孤立时，终于发火了。

“这些孩子身心疲惫的时候没有一个人站出来帮助他们，他们也绝对不和任何人诉说，只是自己默默承受。”

允熙通过报纸知道了很多事情，那年秋天发生的事情真的很多。济州奥雷路刚刚建成就发生了杀人事件，人类最早登上月球的宇宙飞行员阿姆斯特朗去世……允熙开始意识到自己并不是和这个世界一点儿关系都没有。

很多时候不能准确表达自己想法的孩子，其实根本就没有想法，因此他们有必要练习独立思考并把自己的想法说给别人听。“没有想法的孩子”大多是由于在很小的时候就习惯了命令和指示，父母丝毫不理会孩子的想法，渐渐地孩子就变成了“没有想法的孩子”。

孩子紧闭嘴巴一句话不说，父母会因为不知道孩子的想法而郁闷。没有“话”有时候就意味着没有“想法”，其实就连孩子本人也不知道自己在想些什么。因为没有想法，所以孩子才不开口。通常，帮助孩子做决定的父母只能造就没有想法、不会说话的孩子。

由关心自己转向关心他人

允熙通过看报纸练习着与外界沟通，同时，也通过阅读各种书籍提高文字理解能力。从童话到说明文、议论文，允熙读了多种类型的文章。特别是通过阅读说明文，允熙知道了许多自己以前不知道的事物，并且由衷地喜欢上了阅读。允熙的词汇运用能力和表达能力也提高了很多。

最大的变化是允熙开始用语言表达自己的想法了，也开始对那些和自己生活方式不一样的人产生了好奇。她想要了解这个世界，想要和人们沟通。但是允熙仍旧缺乏自信，不停地追问我她会不会迎来快乐的日子。

允熙未来要走的路还很长，她还没有完全掌握和这个社会打交道的方法，也没有真正地体会过与朋友相处的欢乐。但是现在这一切已经慢慢开始发生了变化。有想法的孩子，也会关心别人的想法。这样一直关心下去的话，允熙迟早会进一步掌握与外界相处的方法。

给父母的话

没有一个孩子是没想法的

对别人的提问，无法表达自己想法的孩子很容易被同龄人孤立。这种孩子需要重新检测一下语言理解能力。语言理解能力低下的孩子，很难自然地与同龄人进行对话。父母与孩子对话的时候，只问及他们的近况是绝对不行的。要针对在具体情况下他们的想法和感受进行发问，这样才能确认孩子的语言使用水平。如果孩子已经上中学，却总是使用小学低年级学生才使用的词汇和语句，那么就要重新检测一下孩子的语言理解能力。通过语文课文里的句子或者其他的书，很容易就可以检测出结果。如果孩子的语言理解能力比同龄孩子低很多，那么在和朋友对话的时候他的反应就会很迟钝或者很多时候不能理解话意，因此会受到朋友的指责。慢慢地他就不愿意见朋友，话会越来越少，最后被完全孤立。

“被人用被子蒙住用脚踩，是什么感觉”

——被“暴力游戏”伤害的孩子

初二学生贤宇几个月前参加了学校组织的三天两夜的修学旅行（学校组织的以学习为目的的旅行）。但是回来之后贤宇就变得不能正常吃饭、不能正常睡觉了，别人说什么他也听不进去。一天在路上偶然遇见一个穿校服的男生，贤宇表现得很不安，一直躲在父母身后。

贤宇的这种状况一直持续了两个多月。贤宇的症状，医学上称为“创伤后应激障碍”（Post Traumatic Stress Disorder），多是由身体受到过损伤或者生命曾面临威胁，心理留下了创伤造成的。用一句话来说就是患者总感觉有一种面临死亡的恐惧感。如果症状过于严重一般要同时接受精神治疗和心理咨询。

内心与世隔绝的孩子

贤宇一直看着地面，好像连抬头的力气都没有，又好像讨厌看到世上所有的事物……已经是第三次约见贤宇了，但他都不曾抬过一次头，当然更不可能与我有目光交流。眼珠转动和睁大眼睛就是他全部的反应。

为了找到造成贤宇现在这种状态的原因，我和他的班主任通了电话，但是班主任也不知道原因。我有些失望，我向班主任表达了想要见一见贤宇同学的想法。因为正赶上周五学校举行“热爱朋友”的活动，我的提议被准许了。

在教室里我见到了除贤宇之外的所有同学。孩子们因为知道贤宇的父母和心理咨询老师要来的消息，情绪上都有些波动。从表情上可以看得出他们很担心贤宇的事会牵连到自己。长辈们突然地造访令这些学生感到有些惶恐不安。

首先我对同学们表达了歉意，说因为贤宇的事情影响了大家的情绪，并说明今天我们来并不是埋怨大家或是追究责任的。这么一来有几个同学说出了自己的不满。贤宇根本不参加小组活动，最后却能和大家得到一样的分数。但大扫除的时候，贤宇却出乎意料地帮忙。有些同学想要接近贤宇，贤宇却不理人，让人心情变得很坏。

一时间很多人都纷纷诉说着长时间积压在心中的不满。有一位女同学举手后站起来开始发言。她说还记得贤宇小学时的样子，那时的贤宇不知道有多么阳光开朗。但是上了中学之后，贤宇脸上的笑容就消失了，修学旅行回来之后就像完全变了一个人似的。教室里变得嘈杂起来。

贤宇的父亲走到教室前面说：

“我们贤宇在很小的时候因为发高烧患了很严重的中耳炎，当时很痛苦。因此在上小学的时候，他比同龄人发育得要相对迟缓一些。虽然比起其他同学，贤宇学习起来有些吃力，但庆幸的是贤宇很开朗。托贤宇的福，我们一家也充满了欢笑，过得很幸福。但是最近在孩子脸上看不到笑容了，我们一家人都很担心。即使是这样……我仍要感谢在座的各位同学和我们家有着这么多不足的贤宇做朋友，谢谢了。”

我看到有几个学生低下了头，他们可能曾经孤立过贤宇或是朝贤宇发过火，却没想到贤宇的爸爸今天能够向他们道谢。看到那几个同学的表情，我猜测他们和贤宇之间一定发生过什么事情。于是在把贤宇爸爸请出教室之后，我试图和孩子们对话。

“修学旅行回来之后，贤宇变得吃不好，睡不好，也不开口和任何人讲话。不，不是不说话，是根本连看都不看别人一眼。”

“……”

“现在他只是低着头，一直望着地面。”

“……”

“我今天来不是朝你们发火、训斥你们的，我只是想知道到底发生了什么事才让贤宇变成了现在的样子。这样才能对贤宇进行具体的治疗。”

我一边说一边望向在座的学生。只是用目光慢慢地扫过每一个学生，并没有刻意地把目光停留在谁身上。但是突然间有一个孩子朝我大声说道：

“为什么您只看着我一个人？”

这名同学也是众多孤立贤宇学生中的一个，他认为我只怀疑他一个人，因此朝我表达了不满。其他一些不敢和我对视的学生也很显眼。班级里立刻有很多学生几乎同时你一言我一语地说起来：

“那只是个玩笑而已。”

“又不是只有我一个人那样做，别人不是都那样做了吗？”

“才不是玩笑呢，同学们用被子把贤宇蒙上，用脚用力地踩他。”

突然教室里变得鸦雀无声。就这样过了几分钟，有几名女生哭了起来，男生也低头流下了眼泪。结果整个教室成了一片泪水的海洋。哭声里夹杂了孩子们没能很好守护贤宇的愧疚感，也伴有由玩笑开始却酿成祸事的恐惧感。有几名学生站了起来朝贤宇的爸爸跑了过去。

“真的以为只是个玩笑，没想到贤宇会那么痛苦。”

“对不起。我们原来只想轻轻地踩一下，真的。”

曾经孤立过贤宇的孩子因为愧疚哭泣着，同时这些什么都还不懂的孩子也觉得贤宇太可怜了。班主任和贤宇的父母因为没能在贤宇痛苦的时候守护好他，也感到很内疚，一同落下了眼泪。在相当长的一段时间里，大家都不能自已地哭泣着。

不知道游戏底线的孩子的“畸形游戏”

有很多家长经常教育孩子说学校只是学习的地方，其实这种观点是不正确的。在这种教育下，孩子根本学不会如何和同学相处，也不知道到底什么才是游戏，于是一些“畸形游戏”应运而生。修学旅行的时候，许多名学生突然用被子蒙住一个学生，然后用力踩，他们把这称为游戏。当然，如果被子里的学生没有感到恐惧，并且很享受这其中的乐趣的话，我们也可以勉强把这称为游戏。但是如果被踩的一方被死亡的恐惧包围着，那么这绝对不是游戏，而是暴力。在力量均衡被打破的状态下进行的游戏，力量大的一方可能很享受其中的乐趣，但是另一方正在承受着巨大的痛苦。

很多校园暴力中施暴学生的父母觉得很冤枉，他们认为只要不故意给其他孩子造成痛苦就不应该算暴力。但是他们有必要清楚只要施暴者给受害者造成了身体上或心理上的痛苦就是暴力。

经历过死亡冲击和恐惧的贤宇很想逃离现实世界，因此在心里砌了一道墙，把自己和所有人隔开，只活在自己的世界里。知道了造成贤宇现状的原因后，我觉得要尽快帮助贤宇回到正常的状态中来。第一步就是让贤宇相信周围的人是可以信赖的，相信周围的环境是安全的。这也是为什么在校园暴力发生以后，一定要让施暴者向受害者道歉的原因。就是为了让受害者相信施暴者不会再带给他任何伤害，不会再让他陷入危险，父母会守护着他。

如果受害者、施暴者以及他们的父母能够在教室前面分别说一说自己的痛苦或者用文字表达出来就好了。直接听受害者讲述内心的痛苦，会令施暴者真正认识到自己的错误。也只有感受到对方的痛苦，施暴者才能由衷地做出对受害者有着治疗效果的道歉。施暴者的父母向受害者及其父母真心道歉的场景对施暴者也有很大影响，通过父母的行为，他们自然而然就会认识到自己的错误。如果施暴者是在父母的强迫下向对方认错，那么接下来他可能会实施更大的暴力。

通过道歉抚慰受伤者的心灵

因为贤宇对同学有很深的恐惧感，所以要是让一群同学当面向他道歉，他可能一时无法接受。于是我决定让同学们把自己的心意用卡片的形式传达给贤宇，让贤宇相信同学们不会再伤害他。

“贤宇，其实起初那只是个玩笑。真的对不起。”

“贤宇，你一定很害怕吧？”

“贤宇，你个子高高的，很帅！”

“贤宇，你笑起来真的很好看。”

“贤宇现在不要再害怕了，其他班的同学也不能再欺负你了，因为有我们在。”

“贤宇，很想再看到你笑的样子。”

想着贤宇的模样，孩子们开始写卡片。所有人都心怀内疚，所有人都努力想要告诉贤宇他是多么帅气。那个曾经在班级里被同学欺负、几乎毫无存在感的孩子所受的伤痛，同学们现在似乎都能体会到。以前贤宇只是班级里的普通一员，但现在成了大家的朋友。大家约定以后会和贤宇好好相处，决不再伤害贤宇，并且发誓要守护贤宇不被其他班级的学生欺负，让他拥有安全的校园生活。

在这之后，我给来咨询室的贤宇看了同学们写给他的卡片。贤宇表示他特别喜欢和他从同一所小学毕业的女孩子写的卡片。我告诉贤宇说不要着急，同学们写的卡片太多了，你可以慢慢地看。贤宇嘴角带着微笑，一张张地看了起来，他的表情慢慢地明朗了起来，对同学们也不再那么恐惧。

但是，长辈们还有一件事情需要为贤宇做。那就是班主任和父母应该为没有保护好贤宇而真心地向贤宇道歉。和贤宇同去旅行的老师也很有必要同贤宇说声对不起。因为在孩子的认知中，他们相信当自己遇到危险的时候，长辈们特别是父母会守护自己。但是如果这份信任被打破，孩子就会有强烈的背叛感，不再相信任何人。老师和父母的道歉可以让孩子明白他们有多么内疚，他所承受的痛苦大人也是能够感受到的。

父母和老师爽快地接受了我的建议。在他们的帮助下，贤宇离治愈又近了一步。在向贤宇道歉完之后，大家还共同分享了蛋糕。为了找回贤宇脸上失去的笑容，所有人都为贤宇鼓掌加油，大家共同吹灭了蜡烛。

运动使孩子重新充满力量

贤宇的校园生活发生了翻天覆地的变化。班上的同学都很和气地和贤宇说话，同时他们也监视着其他班级的同学是否欺负贤宇。以前午间休息时，贤宇为了避开同学们，总是一个人低着头在走廊里待着，因此很多路过的学生会不时地辱骂他或是拽他胳膊。但现在，他因为不再惧怕同学，也就不去走廊了。就算他偶尔在走廊停留，班上的同学也会保护他，所以贤宇再也没受过其他班学生的欺负。由于感受到了同学们的关怀，贤宇对校园生活也开始感兴趣了。

随着校园生活变得安定，别人同贤宇说话时，贤宇也开始有了反应。但他仍然看起来浑身无力，无法抬起头与人对视。这是因为一个人碰到自己无法克服的事情就很容易陷入忧郁中，而一个忧郁的人又怎能看起来有朝气呢？让一个意志低迷的孩子重新充满能量，绝不是像说话那么容易的事。这需要给他提供很多能够让他感受快乐的机会才行。其中，身体活动就是给孩子“充电”的最佳方式。

我向贤宇提议做一个游戏——high five（类似为了庆祝成功和胜利，两个人跳起来拍手的动作）。这样贤宇就会频繁地挥动双手，在把手往上举的过程中，必须抬起头才能与对方击掌。两个人相互拍手的时候，身体会离开椅子，击掌的时候，会全身用力。如此反复，贤宇就会充满力量。

除了这个游戏外，还可以让贤宇做一些其他活动。比如，抬头看图片或者其他事物，这有利于拓宽贤宇的视野。再比如，去捡地上来回来去滚动的球，因为在这个过程中他会不停地转动头部。沉浸在忧郁中的孩子一般目光会直直地盯着一个地方看，轻易不会转移视线，因此视野会变得狭窄。而当身体动起来时，视线也会跟着动，视野拓宽之后，孩子就会对其他事物感兴趣。

还可以让贤宇举小的金属杠铃，如果贤宇觉得吃力的话，可以让他演奏一些乐器，比如敲一敲鼓，弹一弹吉他都可以激起他的兴趣。我有时候给贤宇唱《小星星》，他甚至会跟着哼唱几句。身体动起来之后，贤宇的睡眠好了很多，晚上不再失眠，一般在 12 点前就可以入睡。吃饭的时候贤宇也不再像以前一样不怎么嚼就咽了，而是可以慢慢地咀嚼食物，不再让父母为此事操心。

别人同贤宇说话的时候，贤宇也有反应了，甚至嘴角开始有了笑容，于是我们对贤宇有了更高的期待——希望贤宇能够恢复到修学旅行前的样子。但是实现这个心愿是很不容易的。第一次见到贤宇的时候是夏天，现在已经是秋天了，贤宇仍不愿意同人讲话。虽然他到咨询室也玩各种游戏，但就是不开口说话。有一天，他发出咿呀的声音向我表达某种意思，我对他说老师想听到你的声音，但是他只是微笑，还是没有说话。我们通过写字的方式进行交流度过了秋天，又迎来了冬天。随着时间的推移，贤宇的表情变得越来越明朗，力气也变大了，但他仍旧不说话。

贤宇以前很喜欢唱歌，为了引导他说话，我决心和他一起唱歌。那年冬天电视剧《秘密花园》正在热播，经常成为人们谈论的话题。男主角演唱的主题曲也很有人气，我和贤宇就坐在电脑旁边一起学唱《秘密花园》的主题曲《那个男人》。唱歌的时候，贤宇开口发出了声音。随着练习次数的增加，贤宇开始哼出一句，两句……虽然还不是很清晰，但是已经能唱完整的句子了。看着努力学习唱歌的贤宇，我觉得不久就会看到他开口说话了。但是贤宇并没有像我期待的那样恢复到以前的样子，可能还需要我们再等上一段时间吧。

给父母的话

比起欺负自己的同学来，孩子会更加埋怨父母

孩子因为被同学孤立而关上心门的时候，父母常常会归咎于欺负他的同学。但事实上，比起欺负自己的同学来，孩子在心中会更加埋怨父母。因为对于孩子来说，父母是最值得信赖的屏障和最稳固的依靠。但在他们遇到危险的时候，父母却没有及时出现帮助他们。于是孩子就陷入不相信任何人的绝望中，也不再对任何人打开心门。因此当父母知道孩子被同学欺负的那一瞬间，没有什么事情比向孩子道歉更重要。“你经历了这么大的痛苦，妈妈却什么都不知道。没能守护好你，实在对不起。”这样的话非常必要。父母只有这样做，才能重新得到孩子的信任，才能让孩子重新打开心门。

“我会很喜欢上学，如果学校没有暴力的话……”
——遭受校园暴力而胆怯的孩子

“我会很喜欢上学，如果学校没有暴力的话……”

俊英和妈妈一起坐公共汽车，看到路边“没有暴力的学校”的标语时自言自语地说道。

俊英妈妈认为小学三年级的儿子之所以不敢在陌生人面前说话是因为性格太内向，不会察言观色罢了。她万万没想到很乖巧的儿子会被同学们孤立。

其实俊英一直很痛苦。在学校里，俊英不怎么说话，行动也很慢，再加上学习成绩不是很好，同学们就起哄叫他“傻瓜”。课间休息时有的同学会故意从俊英身边经过，假装碰到他，然后用力拍他的肩膀。还有些同学，即使俊英好好地坐在椅子上，他们也会过来打他的后背，或者用脚踢他的书包。特别是班级里还有一个同学为了炫耀自己的力量，经常无缘无故地打骂俊英。

“俊英每天都挨打。”

很多同学这样说。开始还有一些同学为俊英打抱不平，但时间久了，大家也都习以为常了。面对受欺负的俊英，所有人都选择了沉默。俊英就在被同学孤立和无视中一个人煎熬着。他没有向任何人求助，长此以往，无论是打他的人还是被打的他都习惯了这种生活。

沉默和旁观是另一种形态的暴力

在同学之间，时有打架和骂人的现象出现。如果两个人力量均衡的话，我们可以说这是孩子成长过程中很正常的事情。但是如果这种力量均衡的状态被打破，就是一方辱骂另一方或是向另一方施暴。而更大的问题是，暴力每天都在发生，却没有人去制止。被打的孩子多么可怜，或许有人这么想，但是绝对没有人鼓起勇气制止。因为孩子们怕自己会沦为下一个受害者，所以都退缩了。孩子也绝对不会向老师请求帮助，因为害怕别人说自己爱告状。

孩子们就这样眼睁睁地看着自己的同学遭受暴力却不施以援手，只是自顾自地做着自己的事，作为一个旁观者度过每一天。而造成这一切的，说不定就是我们成年人。

“做好你自己的事就行，少在没用的事情上浪费精力。”

“遇见危险的事绝对不能插手，说不准会出大事。”

父母是为了孩子好才说出了这些话，没想到却让孩子变得漠视同学的痛苦。反过来想一想，如果自己的孩子被欺负，我们会怎么样呢？我们会理解那些袖手旁观装作看不见的孩子吗？

在解决学校暴力事件的过程中，暴力的旁观者也应该受到惩罚。即使他们没有直接参与施暴，但他们也是加害者中的一员。沉默和旁观是另一种形态的暴力，这一点成年人也应该知晓。

第一次在咨询室看到俊英时，他的眼神有些畏缩，视线来回在我和他妈妈之间移动，看起来非常不安。打完招呼，握手时俊英显得更紧张了。

“不知道从什么时候开始，孩子不再和任何人说话，只是呆呆的，不敢直视别人的目光。”

深深地叹了一口气之后，俊英妈妈颤抖地说。

小学三四年级的孩子，身体会发生变化，特别是男孩子，个子开始迅速地长高，力气也会变大。于是力气大的孩子为了展示自己的优势就开始捉弄或者欺负弱小的孩子。学校暴力也往往从这个时候开始发生。这个时期的孩子自我意识开始苏醒，渴望得到别人的认可，因此长辈要多称赞孩子身上的优点。得到称赞之后，孩子会正确地认识自己身上积极的一面。比起靠欺负其他同学炫耀力气，孩子会觉得帮助弱小的同学更有意义，从而成为一个心态阳光的孩子。

孩子也可以通过运动来分散旺盛的精力。现在的学生每天过着家、学校、课外辅导班三点一线的生活，三点间的移动就是身体的全部运动。因为没有出口发泄心中的压力，所以就靠欺负同学来纾解压力。俊英就是那些炫耀力气、发泄压力的同学的牺牲品。毫无理由地挨打，由此产生的恐惧、不安把俊英变成了一个不愿意说话的孩子。同时，俊英与同学、与这个世界的距离也变得越来越远。

不知从什么时候起“奇怪的孩子”越来越多

修学旅行回来后完全像变了一个人似的贤宇、无缘无故就挨打的俊英，两者之间有一个共同点，那就是同学们都称呼他们为“奇怪的孩子”。大部分校园暴力事件中的受害者基本上都被贴上了这样的标签——“奇怪的孩子”。不知道从什么时候起，“奇怪的孩子”越来越多。孩子在成长中逐渐认识了这个世界上各式各样的事物，了解到什么是相同，也认识到什么是差异，这一切让孩子觉得兴奋、开心。同时，孩子也开始关心那些“不同”的事物。

孩子稍微长大一些，就会把注意力从“不同”转移到“奇怪”。父母和老师经常按照成年人的标准给一些孩子贴上“奇怪的孩子”的标签。他们不称呼足球踢得好的孩子为“擅长踢球的健康孩子”，而是给他们贴上“不好好学习，只知道踢球的奇怪的孩子”的标签。看到穿粉红色衣服的男孩子从自己身边经过，他们会窃窃私语：“衣服穿得真奇怪。”

孩子看到长辈如此，于是也开始在身边找起“奇怪的孩子”来，通过各种奇怪的理由来找。因为他们是“奇怪的孩子”，所以很多人都欺负他们。孩子也渐渐觉得欺负他们不是犯错，只是个游戏罢了，并且他们还振振有词地说“不同”就是“错误的”“奇怪的”。那些被贴上“奇怪的孩子”标签者就沦为了其他同学的出气筒。

给父母的话

无论是打人的孩子还是被打的孩子其实都是受害者

我们通常认为打人的孩子是加害者，被打的孩子是受害者，但事实上打人的孩子在某种意义上也是受害者。因为他们当中很少有人因欺负同学而真正感到快乐，他们内心的某个角落也感到恐惧和内疚。他们之所以欺负同学是因为不知道该如何释放压力，该玩哪些健康的游戏罢了。

假如忽然有一天你知道自己的孩子欺负了其他孩子，千万不要随意发脾气或者指责他。要想一想他这样做是出于什么原因，仔细观察一下是不是他的心灵在哪里受了伤，却不知道该如何疗伤。没准真正受伤的孩子不是挨打的孩子，而是打人的孩子。

“为什么叫我‘精神病’‘怪胎’‘傻瓜’”

——被同学孤立的孩子

道宪小学的时候就不太合群，因为他说话总用长辈的语气，他喜欢和老师对话，而不是和同学们。道宪的数学能力很突出，所以被称作天才。虽然一个朋友都没有，但道宪并不觉得校园生活吃力。老师常常夸奖道宪聪明，所以同学们也没觉得道宪怪异。

但是上了中学以后，情况变得有些不一样了。中学的老师只有在上课的时间才出现，与小学老师完全不同，因此道宪与老师长时间对话是不可能的，也没有老师认为他是个天才。所以在课间休息时间，道宪就经常一个人做数学题。同学们觉得这样的道宪很奇怪，就给他贴上了“奇怪的孩子”的标签，并开始孤立他，有些人开始捉弄、辱骂他，还有一些人在上体育课时故意用排球或者足球砸他。

道宪就是这样过完了初一，升入了初二。他喜欢上了班里的一个女生。道宪几乎每天晚上都写诗，第二天交给那个女生。因为太喜欢那个女生了，道宪就跟她告白了。为了让全班同学都听得见，道宪说得很大声。如果在回家的路上道宪看到那个女生也会呼喊她的名字。但是那个女生很讨厌道宪，总是骂道宪，甚至把道宪写给她的表达心意的诗交给了班主任，并且说道宪是个奇怪的孩子。

同学们对道宪的行为议论纷纷。因此道宪开始讨厌不接受自己心意的那个女生。他觉得自己只是向她表白爱慕之情，为什么她像讨厌虫子一样讨厌自己，实在是无法理解。从那以后，道宪变了。他开始在同学面前公开诋毁那个女生，有些话说得十分难听。他有时候还会握着铅笔刀，朝空中乱挥。

“我不是奇怪的孩子，我只是有些特别罢了”

“道宪，你好啊，很高兴见到你。”

“您好。我也很高兴见到您。我能问一下这里是什么地方吗？其实我一点儿都不关心这里是做什么的，我只是想和长辈对话罢了。”

道宪对于与自己第一次见面的成年人没有丝毫的紧张感和陌生感。道宪独特的语气和大人般说话的声调与一般的中学生确实有差别。他向对方提问，却不等对方回答，就自言自语。无论我说什么，道宪都会把话题转移到自己喜欢的数学和科学上。

“道宪你带了什么书来这里？”

“带来了数学书。觉得无聊的时候，我就会做几道数学题。”

前三次咨询，道宪一直在说自己想说的话，根本不关心对方是不是感兴趣。虽然道宪说的话题不是很有趣，但我仍然尽最大的努力听他跟我讲解题的过程。可能从来没有人对他的话感兴趣，所以突然有一个愿意听他说话的人出现，道宪也就慢慢地敞开了心扉。

“老师，我能问问您是否有喜欢的人？”

第四次咨询的时候，道宪突然提出了这个问题。我觉得这是个非常好的机会。我必须告诉道宪，有时候一个人单方面的喜欢，会让对方觉得很累。我说：

“当然有了，而且很多。初中的时候，我很喜欢来实习的帅气的男老师；高中的时候，我很喜欢我的英语老师；除此之外还有很多很多。因为都是单相思，所以很多时候觉得特别累。”

道宪只是安静地听着。等再次来到咨询室的时候，道宪已不再说自己喜欢的数学了，而是讲起了自己的事情。

“我喜欢上了我们班的一个女生，每天晚上都会给她写一首诗。但是没过多久，我就被老师叫到了办公室。在老师的桌子上我见到了我写给那个女生的信。老师告诉我以后不许那样做了。我只是把我喜欢她的心情用文字表达出来而已，真不知道这到底有什么错。那个女生即使听到我叫她的名字也会生气，甚至会大声辱骂我。我不可能不生气，于是我就变本加厉地骂她，每天都对她说一些特别难听的话。”

“原来道宪只是想表达喜欢之情，却不曾想导致对方反应过激，你当时一定不知所措，很受伤吧？”

"是的。在那种情况下，能不生气吗？"

"那你想过没有，你单方面地表达喜欢，对方要是有负担或者不接受呢？"

"但我只是单纯地喜欢她，没有其他意思。她却很生气，还辱骂我，我真是不能理解。"

"那道宪拿着小刀在空中随便挥舞，也是在向那个女生表达愤怒吗？"

"也不完全是这样的。最近总是失眠，总觉得有人要攻击我，我只是想要击退他们才那样做的。"

道宪经常失眠，已经出现了有人要攻击自己的幻觉，于是我劝道宪父母带儿子去医院接受治疗。道宪虽然身体机能和语言发育都是正常的，但是缺乏基本的社交能力，很难与人相处。从医院回来后的道宪，看起来轻松了很多。

"老师，下次咨询的时候我们可以讨论一下艾斯伯格症候群[①]吗？医生推荐我看一本名叫《特别的人，古怪的人，艾斯伯格症候群》的书。我希望老师也读一下这本书。"

道宪读完整本书后，再次来到了咨询室。

"因为是一个得了艾斯伯格症候群的10岁男孩写的书，我更觉得有意思了。他和我有很多共同之处。通过这本书我也知道了同学们和我有很多

① 艾斯伯格症候群是指具有社会交往障碍、局限的兴趣、重复刻板的活动方式的人。这群人在社交和沟通上与孤独症患者相似，但又不同于孤独症患者，与孤独症患者的区别是他们没有明显的语言障碍和智能障碍。

不同的地方。现在您是否可以和我说一下，我接下来到底应该怎么做呢？”

“原来道宪是想要在以后的生活中多和别人有一些互动呀。实际上有些人并不需要特别的努力，就能和别人相处得很好。但有些人却需要很努力才能和别人打成一片。道宪你能够看到别人身上的长处或是猜出别人的想法吗？”

“知道他人长处和想法有必要吗？”

“如果你不能发现别人身上的优点，理解不了别人的想法，那么是很难和别人交朋友的。”

“那我具体要怎么做呢？”

“虽然不是很容易，但是通过逐渐练习，你就会熟练掌握方法的。我们要不要一起练习一下？”

虽然道宪答应得不是很爽快，但还是决定和我一起练习。为了让道宪能察觉别人的感情，我让他先熟读了和情感相关的一些词汇，接下来我让他用那些词汇来说一下自己的经历。由此我发现普通孩子自然而然就能懂的，道宪却不知道。我告诉道宪上课时应该如何提问，提出几个问题才是合适的；向他强调和同学们说话的时候不要只顾着说自己感兴趣的话题，要多观察一下对方的反应。针对其他同学都对什么样的话题感兴趣，我也向他做了具体的讲述。

只有真正了解自己，才会更加自信

“老师，我觉得和别人相处真的是一件很累的事。这么累的人际交往，没有也罢。我在解数学题的时候最开心。为了让我的数学成绩更好，我决定花更多的时间在上面。虽然别人说我奇怪的时候，我也很生气，但是去看过医生后，我真正了解了自己，反而更加自信了。我和我的同学们就是很不同，所以我决心不像他们那样活着。我也有我擅长的领域，从现在开始我要为自己感到骄傲。”

“原来道宪认为世上所有的人都没有必要按照同样的方法活着呀。既然道宪自己觉得这样生活更幸福，那么老师也会尊重道宪的。但是世界上不是只有你一个人生活，最好还是了解一下与人交往的方法。”

“我也明白我喜欢对方，对方不一定喜欢我，甚至可能讨厌我。但我仍忍不住生气、发火，甚至用一些难听的话骂对方。”

“那么当你认为自己做错了，应该怎么做呢？”

“向对方道歉，并且保证以后再也不欺负他。”

“看到道宪现在也开始为别人着想了，老师真的很开心。当觉得自己做错了的时候，就应该鼓起勇气向对方道歉。但是千万不要觉得你道歉了，对方就一定会接受你的道歉。那是对方的想法，一定要尊重对方。当然如果对方接受你的道歉，就更好了。”

“要真是那样该多好。”

道宪已经接受了自己和其他人不同这一点，并且觉得正是因为自己是特别的，所以可以活得更精彩。他为自己有着非凡的背诵能力和数学能力而感到自豪，并且决定在自己擅长的数学上投入更多时间。虽然我对于他不肯多与外界交流这一点感到有些担心，但是也认为应该尊重道宪决定通过数学来寻找自己梦想的想法。

世上的所有人都必须通过与人交往来获得更好的生活，但是有一些人却在这方面尤为困难。他们只能和自己所关心领域的人们成为好朋友，这种情况是存在的。所有人不可能都用同样的方法活着，所以我支持道宪的选择。

道宪与其他孩子相比，也不是有那么多的不同，他只是一个与人交往有困难，却对数学和科学有着浓厚兴趣的男孩子罢了。我们不能因为他不喜欢和别人一起玩，只喜欢做数学题，就称他是“奇怪的孩子”。但是在现实中，像他这样的孩子仍被同学们冠以“奇怪的孩子”的称号，经受同学的嘲笑和欺负。接下来将要介绍的案例中的智厚也是一样。

只要一开口就停不下来的孩子

小学五年级的智厚很害怕去学校。只要他一踏进校门，从很远处开始就有人嘲笑他是“精神病”“怪胎”“傻瓜”。不仅仅是智厚所在的年级，整个学校的学生都孤立智厚。其实在智厚转学来这个学校之前，他也是被同学孤立的。

因为刚刚转到新的学校，就又被同学们孤立，所以智厚妈妈才带智厚来到咨询室。见到智厚的那天，他妈妈流着泪把一个信封递给了我，里面写满了智厚同学对智厚的看法。班主任因为想知道同学们孤立智厚的具体原因，所以才让同学们写的。大部分同学写得都很直接，毫不隐晦，例如一个同学写道："我就是不喜欢他。"

同学们几乎一致地说智厚是个"奇怪的孩子"。他总是随意地擤鼻涕；吃饭的时候会把菜汤洒得到处都是，脏兮兮的；上课时不分时机随时提问，而且一旦回答起来就没完没了，让所有人都觉得烦躁。所以，同学们只要一看到老师，就向老师打智厚的小报告。如果有同学变胖了，智厚会直接说"你怎么那么胖"，惹得两个人发生争执。智厚总是多动，不能安静地待着，所以没有人愿意和他待在一起，他只能一个人。

智厚因为多动和爱冲动曾一度被误认为患有注意力缺陷多动障碍（ADHD），但实际上通过诊断结果来看，智厚是艾斯伯格症候群患者。

"老师，您比我妈妈岁数要大吗？"

第一次见面时，智厚就向我提出了这样的问题。如果不知道智厚病症的人，听到这样的问题很可能会觉得非常唐突。我想借这个提问的契机了解一下智厚对家人的看法，但智厚却什么都没有说。可能是初次见面的原因，他还想再仔细地观察我一下。

智厚对历史很感兴趣，他可以准确地描述出一些历史事件。比如，什么时候，是谁建立了高丽王朝，又是什么原因王朝覆灭了。智厚可以根据历史事件和年代不断展开，一直讲下去。听着智厚的讲述，一转眼就到了咨询结束的时间。我提醒他快到时间了，可他依旧不停地说仿佛根本停不下来。这是艾斯伯格症候群患者的标志性特征。

事实上，智厚无数次地听到同学们和家人对他说“求你了，能不能把嘴闭上”之类的话。虽然智厚本人也清楚没有人愿意听自己讲话，但他就是停不下来。这都源于他无法控制自己。对于同学们都不感兴趣的历史，智厚却有着锲而不舍的精神，每次知道一个新的事件，他就会和同学或者父母讲述，但是得到的反应都是如此一致：

“求你了，能不能停下来？”

换一个角度看，他也是个好相处的孩子

咨询初期，我决定尽量多听智厚说。智厚一直以来都希望有一个人可以认真地听自己讲述。因此，每次一来到咨询室，他就迫不及待地把这一周新学到的历史知识讲给我听。智厚对认真听自己讲话的人会产生信赖感，而我花了大约一个月的时间，才终于累积够了这种信任感。在这之后，我对智厚说：

“智厚，你知道的历史知识真多，我感到很惊奇。”

“真的吗？”

“但是我对历史并没有兴趣，智厚说的又这么多，所以听起来觉得有些枯燥。”

“……”

“如果你把对我讲的也对同学们讲，他们会是什么反应啊？”

“他们会发出‘啧啧啧……’的声音，然后用手捂住耳朵，有时候还会打我。但我很难停下来，总想说话，所以到最后基本上都是一个人自言自语。”

孩子只是想要有人听他说话，根本不关心对方对他说的话题是否感兴趣。这样一来，他与同学们的关系就恶化了。我决心为智厚找到一个说话的时间和场所。通过与智厚和智厚妈妈讨论，我决定把家和咨询室作为智厚说话的地方。我建议智厚妈妈每天拿出 30 分钟来倾听智厚讲话，这个时间绝不是妈妈洗衣服或者刷碗的时间，而是什么也不干静静地倾听的时间。通过这个过程，智厚可以把自己学到的新知识全都说出来，妈妈的倾听和称赞也可以提升智厚的自信心，但是我要求智厚绝对不能再和同学们讲。

智厚也针对如何体会他人的感觉接受了训练。智厚在和我说话的时候，我几次打断了他，进行提问。一开始的时候，他还没有什么反应，针对我的提问一一进行了回答。但是我反复打断之后，智厚脸上出现了不快的表情。我问他心情怎么样，他说心情很不好。

“说话的时候，如果总被别人打断，心情会很坏吧？老师和同学们说话被打断时也和智厚刚刚的感觉是一样的。因此，智厚也要等别人说完了再发问，你觉得呢？”

接着我问智厚：“那么上课时应该怎样提问和回答呢？”对于我的问题，智厚回答起来好像很困难的样子。所以，我提议课堂上最好提问 2 次以下，就算有疑问，也要等老师讲完或者在课间休息时再提出来。智厚说会努力尝试着做。

“老师，如果我真的能和同学们相处好，那该有多好。”

“我也是这么希望的。”

智厚也希望和同学们相处融洽，只是不知道方法罢了。如果想和同学们好好相处，就不能做令同学讨厌的事情。可智厚根本不知道同学们讨厌的举动是什么。

“智厚擤鼻涕的动作，女同学看见了会怎样想？吃饭的时候，智厚的衣服上总是沾着菜汤，同学们会怎样看？”

我小心翼翼地向智厚提出了同学们写的卫生问题，当然这是在我着重夸赞了他的优点之后。虽然智厚并不在意自己的卫生问题，但他也知道同学们觉得自己和他们不一样。当同学们冲着自己喊“真脏”的时候，虽然他不知道理由，但心情也很不好。

智厚也想和同学们好好相处，成为有人缘的学生，但是他不知道该如何去做。因为他不知道问题出在哪里。而在这之前，同学们就已经拒绝和他做朋友了，而且同学们担心如果和智厚成为朋友自己也会被孤立。所以，智厚只能一个人艰难地过着校园生活。

练习如何与别人相处

有的孩子遭到同学拒绝后会很生气，由于不知道原因，因此会觉得很委屈。这样一来，他的校园生活就会过得很吃力。智厚就是如此。智厚想接近同学们，但是同学们却躲着他或朝他发火，甚至还打他。即使这样，智厚仍然想与同学们亲近。

想要与同学好好相处，就要对同学有所了解。但是智厚连同学的名字都记不住，一起度过了一个学年，大部分同学叫什么，智厚都不知道。所以我让智厚每天在小册子上记一个同学的名字，并且注意观察那个同学都玩些什么擅长什么。通过这个方法，智厚开始对同学们玩的游戏有了兴趣。而在这之前，智厚根本不知道同学们在休息时间有的玩卡牌游戏，有的去操场踢足球。因为以前一到午休时间，智厚就去图书馆看历史书。

智厚对同学们在干什么有了兴趣，希望能和同学们好好相处。他保证不再做让同学讨厌的事情了，擤鼻涕的时候会去卫生间，吃完饭会对着镜子检查仪表。他意识到妈妈洗得如此干净的衣服，一定要保持清洁。

为他人着想，体会他人的感情，关怀他人，这些能力智厚尤为缺乏。对于普通人来讲，交朋友是一件极其容易的事，但对于智厚来讲却很难，他根本不懂得什么时候该说什么话。虽然很多事情对于智厚来说非常陌生，但是他为了能和同学们打成一片而努力练习着。

智厚很难和其他人自然而然地进行对话。比起互相交流，他更喜欢单方面地讲自己想说的话，问自己想问的问题。打电话的时候这个问题更严重。比如，如果他打电话问同学第二天主题活动该准备什么东西，电话接通后，他连自己的姓名也不报，直接就问："明天需要准备什么呀？"此时，在一旁的妈妈就会赶紧接过话筒和对方通话，并不停地向对方说对不起。

我决定让那些理解智厚的成年人和智厚练习打电话。智厚在咨询室进行了情景演练，开始时和预料中的一样，智厚很不自然，就像照本宣科一样。但是随着练习次数的增加，智厚慢慢地变得自然起来。第一次练习时，智厚只顾着自己说话，根本不听对方说什么。但在反复练习后，他开始与人沟通了。

接下来，针对某些状况发生时应该怎样应对，我也对智厚进行了相关训练。例如，上完第二节课时，突然发现第四节课要用的数学教科书没有带，应该怎样做？智厚告诉我这样的状况曾经发生过。他当时就傻傻地那样坐着，结果挨了老师一顿训。

“其实可以向别人借书啊？”

“但我根本就想不起来。”

我向智厚描述了应该如何借书。“首先应该到别的班确定一下接下来有没有数学课，然后确定要向谁借，接下来要诚心诚意地拜托别人。”按照我说的，我们进行了情景演练。别的孩子生活中自然而然就能懂的东西，对于智厚来讲却如此陌生和困难。因此需要进行多个场景演练。这也算是为不能自己领悟的孩子打开一扇窗吧。

目前，智厚仍旧在进行情景训练。作为社会中的一分子，为了能够生活下去，智厚还有很多事情需要学习。

给父母的话

并不是奇怪的孩子，而是需要理解的孩子

智厚绝对不是没有礼貌的孩子，更不是专挑同学们讨厌的事做的坏孩子，他只是不知道与这个世界沟通的方法罢了。这些容易遭受学校暴力的孩子，需要进行特殊的训练，以便更好地适应校园生活，与同学们融洽相处。但是只靠孩子单方面努力来减少校园暴力的发生是有局限性的。周围的成年人和同学们也应该转换一下视角，多理解一下这些特殊的孩子。这些孩子是由于某些不得已的原因才那样的。他们并不是让人感到郁闷、破坏气氛的坏孩子，他们只是特别需要理解的孩子罢了。

“不需要朋友”
——没有朋友，沉浸在游戏和书中的孩子

“只知道看书。真的，只是在那儿看书……”

无论在家还是在幼儿园总是在看书，对于其他孩子的吵闹，连看都不看一眼，仍旧埋头于书本中，这就是振修。振修很小的时候，父母就教他写字、背诵英语字母表以及进行数字读写。看着儿子学得很好，父母觉得他真是天资聪颖。但随着振修一天天长大，父母发现他对同龄人毫不关心，只是一味地沉浸在书中，这才开始忧虑起来。

振修父母想要让儿子和同龄的小朋友打成一片，所以听从了周围人的建议将5岁的儿子送进了幼儿园。但是振修仍旧对同龄小伙伴毫无兴趣。父母一开始想可能是因为孩子刚入园，对周遭的环境感到陌生，等慢慢熟悉后就会好的，先观察看看。但是两个月过去了，振修依旧毫无变化，对同龄小朋友还是不理不睬。出于对儿子的担心，振修父母带着儿子来到了我的咨询室。

“振修妈妈在养育振修的过程中有没有觉得特别困难的时候？”

“孩子特别敏感，晚上总是不按时睡觉，因此那段时间很累人。”

“除了睡觉，还有没有其他特别的地方？”

“吃饭也不是很好。我因为晚上总是休息不好，白天的时候也是处于半梦半醒的状态。”

回想起振修的幼儿时期，振修妈妈的脸立刻暗了下来，可想而知养育振修一定很不容易，甚至想都不敢想如果再重新经历一次会怎样。

“振修的身体发育情况怎么样？坐立、翻身、走路及开始走路的时间？”

“振修身体发育情况与同龄的小朋友并无差别，虽然没有特别超前，但也没有很慢。一周岁后迈出了第一步，开始会走路。”

“那什么时候开始说话的呢？”

“一周岁之前基本上不会说话。但两周岁前就能开口说一些句子了，同时还能明白一些文字的意思。”

“您是说振修学习说话的同时也开始认字了，是吗？”

“是的。因为他过了周岁仍然不会说话，所以我利用图片来教他反复读一些水果、动物、物品的名称。当然除了图片，我还教他读一些文字。”

“那振修看图说话的效果好吗？”

“神奇的是，振修学得非常好，我教起来也觉得很有意思。丈夫出门上班后我就在家里拿着图片和振修一起玩儿。过了一段时间后我发现，即使振修不会用语言表达出来，但也知道各种东西的名字。”

“在教孩子学习事物名称的时候，您是不是觉得既神奇又有趣？”

“没错，是这样的。每天睁开眼，首先我要确认一下昨天教的图片的名称振修是不是记住了，然后会通过其他图片教给他新的名称。这样下来，几个月后，振修自己指着图片也能够说出物品的名称了。”

看到振修能够说出各种事物的名称，振修妈妈很兴奋，于是开始教振修一些英语。振修居然对英语也有反应，振修妈妈觉得说不好自己的儿子是天才。有了这种想法之后，振修妈妈更加高兴了。

也正因为这样，振修妈妈忽略了教振修玩其他的游戏。一般一周岁之前的孩子都喜欢玩“躲猫猫”的游戏，玩的时候孩子会被逗得嘻嘻笑，但是振修却不笑。而且也见不到振修开心地摆弄玩具，更看不到振修满屋乱跑、到处探索的场景。凡是醒着的时候，振修大多数时间不是在看书就是在看图片。虽然振修每天都和妈妈在一起，但是与其说振修在和妈妈相处，不如说振修是通过妈妈在和书相处，妈妈只是两者之间的桥梁罢了。

“交朋友”也应该是早期教育中的必修课

“振修和同龄孩子相处的机会多吗？”

“不是很多。3 岁之前基本上都是和我在家里度过的。因为丈夫工作调动，我们才搬到现在住的地方，所以周边基本上没有什么认识的人。我也是那种不太懂得如何与陌生人相处的人，再加上有了孩子之后精力也不足，觉得还是待在家里比较舒服，所以大部分时间都待在家里。”

“虽然振修和同龄孩子接触的机会不是特别多，但也不是完全没有吧。您能给我讲讲他和其他小伙伴相处的情景吗？”

“我们和我丈夫的同事有过几次家庭间的聚会，但是振修对同龄小朋友根本就不感兴趣，只是一直黏在我身边，因此我也感到很累。在外面餐厅见其他人时，他总是缠着我问菜单上的字；在家里会见客人的时候，他总是让我给他读书。”

“振修不和同龄人玩，只待在妈妈身边的时候，您是怎样做的呢？”

“因为他一直缠着我，别人也感到不太方便，于是我们就尽快回去了。这么一来，渐渐地我就不去参加聚会了。”

“您心情不好就离开了聚会，觉得振修让您感到伤心吗？”

“回到家，我因为心情不好会发脾气，从那时起振修学会了看我的脸色。更令我伤心的是在我家里聚会的时候。”

“为什么家里有聚会的时候，你会觉得更伤心？”

“客人们都来了，但振修只知道在房间里看书，也不同客人打招呼，这让我觉得很尴尬。这样几次之后，也没有孩子来我家同振修玩了。”

两周岁前的孩子喜欢模仿，这一时期长辈要努力创造孩子和同龄人相处的机会。虽然这时候的孩子还不懂得把自己喜欢的东西同其他孩子分享，可能会与其他孩子发生冲突或者不愉快，但是长辈仍要多让孩子与同龄人玩耍，这样孩子才能渐渐体会到与朋友玩耍的欢乐。让孩子与父母以外的其他人相处，有助于孩子学会与人交往的方法，也有助于孩子学会称赞他人、信赖他人。孩子如果有很多与别人相处的快乐经历，他就会更想去人多的地方。

像振修这样体会不到与人交往、与人玩耍乐趣的孩子，只能把自己熟悉的书籍当成朋友。这样一来，振修与那些到了三四岁就能和其他小朋友玩得很好，并且能够遵守游戏规则的同龄人的距离就拉得更远了。虽然振修比起其他小朋友来，知道很多事物的名称和各种各样的知识，但是由于不能体会到与同龄人玩耍的快乐，他非常依赖妈妈，不愿意与妈妈分离。所以，如果想让孩子自然地融入到同龄小伙伴的队伍中，就要让孩子感受到与其他人相处的乐趣。

“振修的幼儿园生活怎么样？”

“虽然没有发生过大的问题，但是好像他也没有觉得多有趣。”

“他有没有抵触去幼儿园的行为？”

“他总说‘我不想去幼儿园，想和妈妈待在家里看书’。”

“振修不想去幼儿园的时候，您是怎样做的？”

“一开始看到他这样，我也觉得有些不安，就让他在家里休息。但我觉得不能一直这样下去，后来就强迫他去幼儿园。于是振修每次都哭着离开家，我看了也觉得很难受。”

“振修喜欢幼儿园的老师吗？”

“比起同龄人，他更喜欢长辈。老师说振修总喜欢围着他们转。”

“振修很信任幼儿园的老师。因此，您可以稍微放心一点儿。”

“老师们非常照顾振修。一般 5 岁的孩子已经能够自己独立做事了，但是比起其他孩子来，我们振修和两三岁的孩子没什么差别。”

“因为振修没有同其他小朋友一起玩耍的经历，所以不能一下子就要求他和同龄人打成一片。这种要求是绝对不行的。”

“现在幼儿园的孩子都把振修当两三岁的孩子来看待，您说以后会不会更加疏远振修啊？”

如果父母让孩子接受过多视觉上的刺激，那么孩子就会失去活用其他感官的机会，长期下来，其他感官就会变得迟钝。比如孩子总是沉浸在书本中，他的身体活动就很少，这会影响大脑额叶的活跃性。这可能会造成孩子不懂得如何与同龄人相处，进而引发一系列不恰当的行为。如果孩子再自理能力差，事事都向其他人求助，那么同龄人只能把他当成弟弟或妹妹来看。

“我想要学习与同学相处的方法”

轩智和振修一样在交朋友方面也有一些困难。但是轩智的年龄大一些，想法也多一些。上初中二年级的轩智觉得自己和其他同学很不一样，于是让父母带他来到了咨询室。轩智上小学五六年级时被大家称作“破坏气氛的傻瓜”，所有人都孤立他。由于害怕去上学，轩智的成绩一度下滑。到了中学，轩智被同学们孤立的现象更严重了，他倍感折磨。

但是幸运的是，在初中二年级的时候，轩智遇到了一个可以敞开心扉的朋友。两个人在一起的时候虽然话不是很多，但是彼此感觉很舒服。这个朋友和轩智同年级但是不同班，同样也是被同学们孤立的学生。两个人是一对有着很多共同点的朋友。轩智虽然继续遭到其他同学的孤立，但是因为在休息时间和午餐时间可以见到这位朋友，他开始觉得上学是一件快乐的事。在和这个朋友相处的过程中，轩智想到了其他同学，他觉得自己真的想学一学好的人际交往技巧。

"轩智愿意来咨询室吗？很多同学好像不是很喜欢来咨询室。"

"我对妈妈说我想来，在我的纠缠下妈妈才带我来的。"

"真的吗？那么轩智想要得到什么帮助呢？"

"我想要学习和同学相处的方法。"

"原来是想要学交朋友的方法呀。"

"是的。事实上很多时候我都认为自己和其他同学不太一样。"

"那么你认为到底有哪些地方和其他同学不太一样呢？"

"喜欢的东西很不同。"

"每个人喜欢的东西都是不一样的啊。"

"我原来根本不懂和别人在一起的那种快乐感觉。在家里，吃完饭后，我总是直接回到房间，打开电脑，玩角色扮演的游戏。我没有朋友，我和家人的话也不多。"

"那么你的意思是说，你现在体会到了和朋友在一起的快乐感觉。"

"确切地说，我还不是特别懂，但是体会到了一些有朋友的好处。"

轩智现在已经体会到了和朋友在一起的快乐。为了学习和同学相处的方法、结交更多的朋友，今天才来到了这里。

没有一个孩子不想交朋友，只是他不知道交朋友的方法

“你是什么时候开始体会到有朋友的好处的呢？有什么特别的契机吗？”

“上小学的时候，由于同学们都不喜欢我，我和他们根本无法相处。但是上了初二之后，一次偶然的机会，我认识了一个其他班级的朋友。他当时正在看我很喜欢的一本科学书籍，一般来说，人们对这种书籍是不感兴趣的。”

“你们是怎样搭上话的呢？”

“是我先开口的。我说我也看过这本书，觉得很有意思。”

“是这样啊，那位同学有什么反应呢？”

“他说他也很喜欢那本书，读了很多遍。就这样我们成了朋友。”

“你经常和那位朋友见面吗？”

“每天都见。无论吃午饭还是去图书馆，我们都一起去。”

“轩智一说起朋友就一副很开心的样子，就连想到朋友，也觉得很开心吧？”

“是的，心情突然就变好了。”

“轩智，你在和那位朋友认识之后，觉得自己发生了哪些变化？”

“我很愿意上学了。”

“哇！这真是一件值得高兴的事！现在我想听听轩智来我这里有哪些想要达成的目标。”

“我想学习一下和同学们变得亲近的方法。”

以前的轩智根本不懂朋友是可以带来快乐的，因为学校里的同学大多不喜欢他，所以轩智很讨厌去学校。每天放学时间一到，轩智就立刻回家，然后钻到自己的房间，打开电脑，沉浸在虚拟的世界中。只有在虚拟的世界中，轩智才感觉自己是最放松、最舒服的。可是因为长时间都在思考如何构建新的虚拟角色，轩智上课也不能集中精神听讲。

一直以那种方式生活的轩智，现在却带着强烈的想要学习交朋友方法的渴望主动来到了咨询室。轩智已经意识到了自己和其他同学有所不同，为了融入他们，他想要知道自己具体应该怎么做。

“轩智和其他同学在一起的时候感觉最困难的是什么？”

“不知道什么时候该说什么样的话。因此很多时候都插不上话。”

“也就是说和其他同学在一起的时候，轩智主要处在倾听的那一方。”

“是的。但偶尔他们谈到我感兴趣的事情，我也会说很多。”

“那样做了之后，同学们的反应是怎样的？”

“‘瞧瞧他，又开始了。’他们这样说了之后，便不再听我讲话而都离开了。”

“同学们都离开你，你一定很伤心吧？”

“因为从很久以前他们就这样，我已经习惯了。”

因为轩智笑着说没关系，所以我的心更痛了。

“现在假期马上就要结束了，开学后见到同学们，你怎样打招呼？”

“不打招呼。”

“假期这么长时间都没有见到同学了，见面不应该问候一下假期都做了些什么吗？你从来都没有问过吗？”

“没有。”

“交朋友”也是需要练习的

轩智想要改变自己的愿望很强烈。为了加强他与同学的互动，我为他制订了一个练习方案。首先就是让轩智在开学与同学碰面时主动打招呼。开始的时候他还有些尴尬，但是坚持下来之后，便觉得与同学们亲近了很多。当轩智问“假期过得愉快吗”的时候，同学们的反应是：“你真的是轩智吗？怎么变化这么大？”当轩智主动和同学们打招呼并得到回应后，他感到十分开心。另外，我还帮助轩智练习给同学打电话。

“如果现在轩智忘记老师留的家庭作业是什么了，想要打电话问同学，电话接通后的第一句话轩智应该怎么说？”

“我会说：‘数学作业是什么呀？’”

“如果同学一接电话就听到你问作业是什么，一定会感觉很突然，心情可能也会不好。”

“这是为什么呢？”

“首先应该问一下接电话的那位同学当时在干什么，接下来再说明自己是因为什么事情打的电话。这才是打电话的礼仪。大部分的人都是这样接打电话的。”

“哦，原来我一张口就问作业是什么有些失礼啊。”

轩智按照我们练习的那样给同学打了电话。他没有像平时那样直接问自己想知道的事，而是在简单打过招呼后，问对方现在是否方便接听电话。

我也让轩智练习体会别人的情绪。

“轩智，你向其他人表达过你的感情吗？”

“没有。”

“那你有没有用心去体会过别人的情感，安慰他们或是替他们感到高兴？”

“也没有过。”

“那么轩智什么样的情感体会得最多？”

“高兴、愉快、幸福这类情感体会得最多。”

“都是什么时候有这种感觉的呢？”

“是和家人在一起的时候。”

“那么现在就练习一下如何向家人表达正面的情感吧。如果你遇到捉摸不透对方的情绪时就来问我，好吗？如果你在一周之内能够充分体会到快乐、幸福的感觉，那就太好了。轩智，加油哦！”

一周之后，再次见到轩智。他说从家人身上发现了很多以前没有注意到的方面，这个过程令他感到高兴。

“原来我认为妈妈只有在吃到美食的时候才高兴，现在看来她平时也经常笑呵呵的。特别是当我在她给我零食向她道谢的时候，她笑得特别开心。而且我现在也知道了爸爸和姐姐喜欢什么。”

现在轩智已经学会了如何向家人表达自己的情感，以后还将学会通过家人的面部表情和说话语气体会对方的情感。

轩智已经变得开朗了很多，他开始觉得与他人互动是一件很有趣的事，同时也增强了自信。虽然轩智在与他人交往方面还不是特别熟练，但是他正在用心地一点点学习和别人在一起的时候应该怎么说、怎么做，他还努力地想要去理解其他人没有通过语言表达的那些潜在的信息。不管怎么样，只要人活着，就要面对一个又一个陌生的状况。为了适应新的环境，需要不断地练习再练习。现在孩子已经有想要了解他人、与他人交朋友的愿望，相信以后的道路就不会那么难走了。

给父母的话

没有一个孩子想孤零零一个人

没有一个孩子不想交朋友，只是他们不知道交朋友的方法罢了。如果孩子总是用其他事物来代替朋友让自己获得安慰的话，那么应该让他感受到其他生命体所能带给他的温暖。如果孩子直接与人打交道有困难的话，可以尝试让他先与宠物相处，这是不错的方法。当孩子付出关心和感情的时候，要及时让他得到回应，这样有助于增加孩子与人交往的信心。

第二章
错误教养使爱变成了伤害

“我的孩子无论做什么都应该是最棒的”
——从女儿身上获得满足感的母亲 VS 唱反调的女儿

母女俩的关系已经僵持两个多月了，父亲实在看不下去，觉得不能再这样放任不管，于是拉着女儿来到了我的咨询室。女孩名叫宥珍，全身上下都是价格不菲的名牌，这身装扮对于一个初一的学生来讲，多少有些过分了。因为是被父亲强拉过来的，所以宥珍根本就没有对话的意愿，只是在离母亲远远的地方坐着，脸上尽是不满的表情。

从着装上看，宥珍应该是一个集父母万千宠爱于一身的孩子，但是她却神色黯淡。孩子一身名牌，而母亲的打扮却正好相反。母亲的衣服袖口已经磨破了，一看就是一件已经穿了几十年的衣裳，可以猜想到她是一位关心女儿胜过关心自己的母亲。

一直乖巧听话的女儿突然变得脾气很大

宥珍父母婚后10年都没有孩子，他们付出很多努力，试过很多办法之后才好不容易有了宥珍，可想而知这个女儿对于父母来讲是多么珍贵。因此从宥珍小时候起，只要是她喜欢的，父母就一定想方设法给她。宥珍母亲小时候家境不是很好，自己想要的东西都不能如愿以偿，所以在有了女儿之后，她就想把最好的东西都给女儿。给女儿买东西时，比起款式和质量她更关注品牌和价格。她几万元（韩币）的东西都舍不得给自己买，有时候对丈夫也很抠门，但是女儿喜欢的东西，无论多少钱她从来没有吝啬过。宥珍妈妈认为女儿穿着昂贵的衣服出门，人们会高看她一眼。当她看到别的孩子以羡慕的眼光看着自己的女儿时，她就会有一种满足感。虽然宥珍父母不是有钱人，但是都有正式工作，所有生活还过得去。一家三口在一起其乐融融，过得很幸福。

但是，一直乖巧可爱的女儿自从上了中学后，就发生了变化。以前女儿很听妈妈的话，总是按照妈妈说的去做，但现在女儿开始顶撞妈妈。学校老师也多次反映，宥珍学习不认真，上学总是迟到，上课注意力也不集中。妈妈工作累了一天回到家，宥珍不但不是高兴地迎接妈妈，反而经常冷言冷语地和妈妈讲话，甚至甩脸色给妈妈看。很多时候连个招呼都不打，就直接回自己房间去了。

妈妈给女儿收拾房间的时候会很生气，因为女儿把东西扔得到处都是。但妈妈为了能给女儿创造一个良好的学习氛围一句唠叨都没有，还是认真安静地为女儿整理书桌、床铺……但是直到妈妈整理完毕出去，女儿连句谢谢也不说。妈妈觉得女儿有些可恶。第二天，妈妈到女儿房间一看，发现屋子又变得乱七八糟，这次妈妈再也忍不住了。

“你过来看看你的房间，真不知道是猪窝还是垃圾场。”

“你不进来不就看不到了，谁叫你进来的？”

“刚整理完，你都做什么了，连一天都保持不了……”

“所以说谁叫你给我整理的，甭管是猪窝还是什么窝，我自己会看着办的。”

“你怎么能用这种语气和妈妈说话？”

“啊，不知道，烦死了。我不是说了我会自己看着办的吗？妈妈，你就甭操心了。”

和女儿一场口角下来，妈妈觉得很伤心，就怀着郁闷的心情去逛商场了。她逛来逛去发现自己看的都是女儿穿的衣服，于是放下手里为女儿选好的衣服，走出了商场。自从孩子出生以后，宥珍妈妈从没为自己着想过，为了孩子甚至可以赴汤蹈火，她就一直这样活到现在。但在她为女儿投入全部心血后却发现女儿不知从什么时候起，脸上总是带着不满的表情。她怎么也想不通，她不知道自己到底应该怎么做，也不再愿意自己单方面努力。

她虽然清楚孩子现在刚刚进入青春期，别人家的女儿可能也会做出相似的举动，但是内心仍然得不到安慰，就算再怎么忍耐，火气还是往上冒。因此妈妈闭上了自己的嘴巴，两周内尽可能地少与女儿说话，女儿还是一副无所谓的态度。妈妈觉得再这么下去，两人的关系就真的难以恢复了，于是又想像过去那样对待女儿，但女儿的态度却冷冰冰的。大约就是这种情况：

“宥珍呀，妈妈现在要去超市，你有什么要买的吗？”

“……”

女儿什么也没说，回到自己房间，“哐”的一声把门关上了。

“宥珍呀，早餐都准备好了。”

“……”

女儿没有任何回答，直接进到浴室洗澡了。

“放学早点儿回来。”

“……”

女儿看都没看妈妈，把门关上头也不回地走了。

宥珍不和妈妈说话，也不看妈妈，在宥珍眼里妈妈好像成了隐形人。如果有什么需要的东西，宥珍会请求爸爸买给她。一直以来把宥珍视作自己生命的妈妈，因为完全不能和女儿沟通，每天都像活在地狱里一样，备受煎熬。

受伤的孩子不会关心长辈发火的原因

“宥珍，你看起来很疲惫，可以进行咨询吗？”

“可以。”

“宥珍和爸爸看起来很亲密，真好。”

“是的，我和爸爸相处得很好。当然，这是在和妈妈出现问题之后开始的。”

“我能问一下宥珍和妈妈之间到底发生了什么吗？”

“妈妈有一天突然朝我发火，然后就不和我说话了。”

“宥珍的意思是你主动和妈妈说话，但是妈妈没有理你。”

“是的。”

“那你看着妈妈毫无反应，你是怎样的心情？”

“我很生气，也不想再和她说话了。”

“那你有没有问过妈妈为什么不和你说话？”

“没有。”

“那你就不好奇原因吗？”

“……”

孩子根本就不关心父母为什么发火，他们只看到父母对自己生气这一事实，所以觉得自己很委屈，内心的不满也会被放大。因此他们会毫无理由地觉得父母对自己不满意，还对自己发脾气。

宥珍也是一样的，她只是隐约猜想妈妈是因为自己才发火的，但并不想知道真正的理由。但是只有知道对方的感受，双方才能沟通交流，只通过模糊地猜想是不能了解对方的，只会随着时间的流逝，加深彼此间的误解。

父母所给予的并不是孩子想要的

“宥珍对您说的话毫无反应，您内心一定特别憋闷。作为妈妈，很多事情都需要忍耐吧？”

“……”

一直不停地擦眼泪的妈妈开口说道：

“我是怎样养育宥珍的啊……从宥珍出生到现在，我连一万元（韩币）都没有随心所欲地在自己身上花过。但为了不让孩子低人一等，从她小时候起，我给她买的几乎都是名牌。”

“宥珍喜欢名牌衣服吗？”

“好像也不是这样。事实上她不是特别关心这个。”

“那为什么还要给她买昂贵的衣服呢？”

“我不希望自己孩子的穿戴看起来不如别人，所以一切都给她买最好的。”

“所以说，这些不是孩子希望买的，而是您希望买的，是吗？”

“……”

事实就是如此。宥珍妈妈认为给宥珍买最好的东西就是爱女儿。但这种方式并不能使宥珍感动。宥珍妈妈只是通过女儿在弥补自己小时候没有几件衣服可穿的缺憾而已。通过女儿获得满足感，这并不是真正的爱。这位母亲并没有关心女儿想要什么，也没有用心倾听过女儿的想法，只是一味地给女儿一些自己小时候想要的东西，并且坚信这也是女儿想要的。

父母一辈所处的时代，是解决全家温饱问题都很困难的时代。在那个缺吃少喝、物资贫乏的时期，只要有了充足的食物，就没有什么可忧虑的了。那个时候，让全家吃饱不饿肚子是父母最大的义务，他们认为让自己的孩子吃饱就是爱他们。如果想让孩子再稍微过得好点儿，就是父母勒紧腰带送孩子去学校接受教育。父母把全部心血都花在孩子身上，却从来不用语言表达出来。不，是用语言也不能够表达。因为表达感情对他们来讲是一件奢侈的事，为了明天的生活，他们只能在当下暂时喘口气休息一下，没有多余的时间去和家人交流。其实，家人聚在一起的时候，可以分享一些高兴的事，和家人在一起的幸福瞬间可以转化为战胜困难的能量，这一点父母是不懂的。所以那时他们只能疲惫地、孤独地同整个世界抗争。但这一切，他们的子女是不知道的。为了子女可以无条件地牺牲自己，奉献自己的所有，这就是父母。

“宥珍和妈妈一起去购过物吗？”

“去过。在我上小学的时候，我们经常一起去。”

“主要去哪里呢？”

“去商场。”

“去商场主要买些什么呀？”

“主要去儿童服饰卖场给我买衣服和鞋子。”

“那在儿童服饰卖场购物结束后，还去其他地方逛吗？”

“没有了，不去其他地方逛了。接下来我们通常会到地下一层的超市采购一些需要的东西，就回家了。”

“你就没有和妈妈一起买过妈妈和爸爸的衣服吗？

“……”

宥珍思考了一阵，好像真的没有过，然后垂下了头。

“听妈妈说她小时候总是穿姐姐们穿过的旧衣服，她非常讨厌这样。”

“我的姨妈很多，妈妈上面有两个姐姐呢。”

“妈妈认为给宥珍买漂亮的衣服和鞋子感到很幸福，宥珍你也有这样的感觉吗？

“这不过是妈妈想要从我身上获得满足感罢了。她一买来新衣服就说‘快穿上看看’‘走两步看看’。我真的不是开玩笑，她根本就不知道我心里想要的是什么。”

“我真的很好奇宥珍内心真正想要从妈妈那里得到些什么，能说给我听听吗？”

“倒也没有什么特别的，就是希望她像朋友的妈妈一样就可以了。我伤心的时候，她能够从头到尾听我诉说，还要多和我进行一些肢体接触。我的妈妈是绝对不会说‘我爱你’之类的话的。”

原来宥珍内心渴望妈妈能够认真倾听她说话，能够握住她的手，给她一个温暖的拥抱。但是妈妈却认为把自己想要的东西买给女儿就是爱她。女儿心中期待的爱的方式与妈妈给予的完全不同。当一方表达爱却不被另一方接受时，表达爱的一方就会觉得委屈，进而埋怨另一方。这样的例子不知道有多少。这种误会不仅仅发生在父母与孩子之间，夫妻之间也经常发生。一方认为自己做出了很大的牺牲，另一方却不领情，因此对另一方的怨恨就会不断加深。特别是那些把孩子当作自己生命全部的父母，如果孩子让他们失望的话，他们就觉得自己的世界好像坍塌了一样，无比恐惧。

父母为孩子做了自己觉得开心的事，没想到这并不是孩子想要的，于是父母就对孩子产生埋怨，最后父母和孩子都会受到深深的伤害。

用孩子渴望的方式来爱孩子

通过谈话，宥珍知道了妈妈因为小时候家庭困难而留在心底的伤痛，了解了妈妈非要给自己买名牌衣服的理由，也明白了这是妈妈向自己表达爱意的一种方式。虽然宥珍从心里理解了妈妈，但是要使已经有些生疏的母女关系恢复如初，仍不是一件容易的事。通过观察，我发现宥珍从来没有和妈妈面对面坐下来敞开心扉谈过话，只是不停地埋怨妈妈不懂自己内心真正想要什么，宥珍也从来没有感谢过妈妈把最好的一切给了自己，她把这一切都当成理所当然的。

宥珍和妈妈面对面坐到了一起，但是彼此都不看对方，气氛很尴尬。妈妈首先鼓起勇气说道：

“宥珍呀，妈妈过去生活太苦了，所以会那样对你。妈妈无缘无故不和你说话、朝你发火，是妈妈不对，对不起。”

“我不是也不和妈妈说话、朝妈妈发了脾气吗？”

“妈妈是因为上了年纪所以才会这样，很多事情妈妈都感到很后悔。”

“什么事呀？”

“我觉得很对不起你，不是一个合格的妈妈。对你爸爸来讲，我也不是一个合格的妻子。”

“……”

“妈妈以前日子过得太苦了，所以任何东西都想让我的女儿享用到。”

“我不需要昂贵的衣服，我也不喜欢它们。”

“原来是这样啊，妈妈真的不知道。听你这么一说，看来妈妈真的一直都不知道你内心想要的是什么。宥珍，对不起。但是妈妈真的很爱我们宥珍，真的想要和宥珍幸福地生活在一起。”

“我们的家庭还没有那么不幸。”

“……”

妈妈在和女儿的对话中看到了希望，所以鼓起勇气又说道：

“谢谢你，我的女儿。我们还能像以前一样，对吧？”

到此为止，可以看到母女彼此心中都爱着对方，但展现出来的却是向对方发脾气。这主要是因为她们总是按照自己的方式，而不是对方想要的方式来爱对方造成的。现在两个人通过对话，了解了对方心中想要的东西，彼此间第一次达成了一致。妈妈用温暖的手紧握着女儿的手，女儿把头靠在了妈妈的肩膀上。刚开始面对面坐着时的尴尬气氛一扫而空。两个人之间好像什么事情都没有发生过一样，彼此深情地望着对方。

给父母的话

孩子心中期待的爱不是这样的

当我们觉得自己为对方做出了很大的牺牲，对方却不领情时，我们就会觉得很委屈，甚至埋怨对方或者朝对方发脾气。其实这时候，我们很有必要重新审视一下自己——我们表达爱的方式是不是对方所需要的。如果父母只是单方面认为为孩子做出了很大的牺牲，请立刻分析一下问题出在了哪里。孩子根本不想要，你却不停地给予，这样做不仅孩子觉得你不了解他，你自己也会觉得受到了伤害。没有比这更愚蠢的做法了。爱的真正定义，不是一味地给予，而是读懂孩子的内心。

“为什么把孩子照顾得太好也是问题”
——宠溺孩子的外婆 VS 过分依赖的外孙女

银星是一个在长辈们过分宠爱的环境中长大的孩子。就拿银星上小学的第一天来说，她从亲戚那里收到的礼物多得都数不过来。银星的父母都上班，所以银星在妈妈下班前通常待在住在同一栋楼的外婆家里。有时候妈妈下班晚了，银星就在外婆家住一晚。银星爸爸在外地工作，只有周末才会回来。

外婆极为宠爱银星，无论银星提什么样的要求，都会尽量满足她。因此银星白天总是想做什么就做什么，但是只要妈妈下班一进门银星就觉得郁闷，因为妈妈会不停地追问银星作业完成得怎么样，明天上学需要的东西是不是都准备好了……一刻都不让银星闲着。但是等到周末爸爸回来，银星就又可以随心所欲了。

刚上小学的银星经常受到班主任老师的批评。吃饭时她总是最后一个吃完；从不把东西放在该放的位置，总是把物品丢得到处都是。如果稍微提醒她注意一点儿，她就立刻大哭起来，搞得老师莫名其妙。老师把银星的妈妈叫到学校，说银星像幼儿园的小朋友一样，同龄的孩子都把她当妹妹看，这样下去很令人担心。

长辈过分的宠爱会让孩子变成“木偶”

“银星能够很好地适应学校生活吗？”

“不能，很吃力。很多时候她不愿意去学校。”

“因为很难适应学校生活，您一定很担心吧？”

“不是一般的担心。我就是担心发生这样的事情，所以才对银星特别严厉。都是我的母亲和丈夫把孩子惯成了现在这个样子。”

“您的意思是外婆和爸爸两个人过分护着银星？”

“谁说不是呢，真是说也说不得。在外婆家里，有时孩子甚至会把我当成继母看待，我的母亲居然也能接受。”

只要外婆不在，银星就什么事都做不了。吃饭要外婆喂，去卫生间也要外婆在门口等着。孩子万事都有外婆相助，回到自己家，因为讨厌听妈妈唠叨就早早地睡觉。第二天一早，外婆继续喂银星吃饭，然后牵着孩子的手去上学。

“那您把同学都拿银星当成妹妹的事情同孩子的外婆说了没有？”

“当然说了，甚至还发生了很大的争吵呢。”

"您说了什么？请讲得具体一点儿。"

"我就曾经因为上小学的时候，同龄的孩子都不和我玩，伤心过很长一段时间。那也是因为我母亲平时照顾我太过细致了，所以同龄的朋友都把我当成妹妹，和银星一样。我把班主任说的话向我的母亲说完后，她冲我发了很大的火，还说：'你不是好好地长大了吗？'我的丈夫更是火上浇油，说自己小时候也是如此，也站在了我母亲一边。还说对孩子不好是问题，对孩子好怎么也成了问题呢？两个人完全一个样儿。"

"银星要是知道外婆和爸爸的想法，可能会更加孤立妈妈了。"

"所以她把我当成继母看待，不愿意和我单独待在家里。在她爸爸周末回来之前，特别不愿意回家，经常耍脾气要待在外婆家里。"

"那这种时候，孩子外婆都怎么说？"

"孩子都说了不愿意回去，你就自己回去休息吧。"

"因为您的母亲替您照看孩子，您一定很内疚，所以也很难说很重的话吧？"

"是的。所以很多时候都觉得很伤心，甚至想过辞职做家庭主妇。但就算真的这么做了，也还是会有这样的问题。"

孩子在对世界的探索过程中，会遇到各种各样的小问题。也正是在解决这些问题的过程中，孩子才体会到无尽的喜悦，然后慢慢地成长起来。孩子第一次笨拙地使用筷子吃饭，第一次松开父母的手走路……孩子获得小小成就感的过程，会转化成他日后敢于挑战一切事物的力量。就算吃饭时弄得到处都是，走路时跌倒，同样也是一份宝贵的经验。孩子跌倒会哭泣，但等他站起来时大人以掌声和称赞作为回应，孩子会更好地成长，日后无论什么事情他都会尝试着自己去做。孩子就是这样成长起来的——跌倒爬起，哭过又笑。

但是银星却失去了自己探索世界、了解世界的机会，因为大人根本就不给银星跌倒哭泣的机会。长辈用溺爱把孩子变成了“木偶”，什么都不能做的“木偶”。

“虽然我也想自己尝试做，但觉得外婆会很伤心”

“银星什么时候觉得最幸福？”

“在外婆家休息的时候。”

“就休息吗？”

“在外婆家里的时候，外婆什么都为我做，喂我吃饭，给我穿衣服，还给我整理书包。”

“其他小伙伴是怎样的呢？”

“当然都得自己来做。”

“银星好像有自己不做的原因，能告诉我吗？”

“我的外婆特别喜欢喂我吃饭，给我穿衣服。外婆高兴，我也高兴，所以我就不自己做了。”

“原来银星是为了让外婆高兴才什么都不做的呀？”

“可以这样说，但也不完全是。”

“‘可以这样说，但也不完全是’这句话是什么意思？”

“外婆喜欢那样做也是事实，还有就是我也不喜欢做那些事情。外婆把所有的事情都替我做了，我觉得很轻松。但妈妈一回来就要求我做这做那，我就觉得很烦。”

银星一开始也想像别的小朋友那样尝试自己做一些事情，但是现在连尝试都不愿意了。这是因为她知道自己什么都不做，外婆才会更高兴。以前是为了外婆装作不会，现在是因为自己觉得烦所以才不做。银星就这样从最开始装作不会做的孩子，变成了真的什么都不会做的孩子。

“但是银星啊，当其他小朋友说你吃饭慢，像个小孩子一样，不和你玩耍的时候，你不觉得很伤心吗？”

“当然会伤心。所以一放学我就会立刻朝外婆家里跑去。和外婆在一起时，我受伤的心情会很快平复的。”

“银星也想和朋友一起玩，但是因为不能所以感到很伤心吧？”

“是的。”

“银星也想和朋友们合得来、一起玩，是吧？”

“是的。但朋友们总觉得我像妹妹一样，不和我一起玩。”

银星也想和朋友们好好相处，打成一片，但是朋友们是不会为了和银星一起玩，而等待总是最后吃完饭和连鞋也不能快速穿好的银星的。对于小学一年级的孩子来讲，让他们为了某个同学而等待一段时间再去玩，也是不合理的要求。银星在学校没有朋友，所以就觉得学校生活很没有意思，这样一来就更加想念家中的外婆了。

“外婆，您一定特别喜欢你的外孙女银星吧？银星也很为外婆您着想呢。”

“我吧，是这样的。在我很年轻的时候我就开始一个人带着女儿生活了。幸亏银星妈妈学习很好，工作也不错，所以我也生活得很幸福。最近因为银星的原因，我的女儿不是一般的苦恼，我也很担心。”

“那您知道银星妈妈都在担心些什么吗？”

“担心银星不能很好地和同龄的小朋友相处。”

“没错，正是担心这个。”

“为什么担心这个呢？银星并不是被其他孩子孤立了，只是因为她太乖、太文静了。在朋友眼中都觉得银星好像太小了。”

“看起来小算什么问题？现如今社会上有很多孩子看起来很弱，像我们银星这样乖巧文静的孩子去哪里找啊？”

“外婆，银星在学校时，午饭总是最后一个吃完，穿鞋和换衣服也很慢，因此同学们都不愿意等她。因为其他人都想快点儿出去玩，而银星总是要花很长时间才能做完该做的事。”

“原来是这样。”

“不管怎么说，可能都是因为平时做得少不够熟练导致的。”

“原来是这么回事。我平时都为银星做了，她基本上没有什么锻炼的机会。一直以来我都认为她年纪尚小，所以尽量帮她做，没想到结果会是这样……”

真正的爱是当孩子碰壁之后教会孩子如何去面对

如果你期望孩子能够成长为对自己人生负责的人，那么请给她碰壁、跌倒的机会。因为只有经历了这个过程，他才能真正学会如何在这个世界上生存，才能领悟到该如何重新站起来。而父母只要在一旁守护就足够了。但是，一些长辈却阻拦了孩子学习独立。当孩子离开父母的时候，父母会因为自己的角色作用削弱而感到异常痛苦。还有一些父母，从察觉自己开始变得无用时就产生恐惧，而他们自己很难战胜这种恐惧，因此就阻挠孩子离开自己的怀抱。但是，父母应该明白，让孩子依赖自己生活的同时，也阻碍了孩子的成长之路。父母不能代替孩子过完一生。阻碍孩子成长，就是妨碍孩子的人生。

给父母的话

能替孩子做事情，却不能替孩子生活

有一些长辈认为孩子还年幼，什么都不懂，所以就代替孩子做一些孩子自己应该做的事。虽然是为孩子着想，但是反而可能会毁了孩子。因为即使你什么都能为孩子做，也不能替孩子走完一生。所以，如果真的为孩子着想，就应该让孩子自己学着去做。这才是真正为孩子好。

“只有你做了讨人喜欢的事，别人才会爱你”
——没有精力关心孩子的妈妈 VS 专做“坏事”的儿子

听完介绍之后我了解到俊秀是小学一年级的孩子，但是当看到他本人时，却让人无法相信。单从外表上看，他看起来比实际年龄小得多。好像是因为害羞，他不停地躲避我的目光。此外，说话也奶声奶气。矮矮的个子、单薄的身体，怎么看俊秀都和同龄的孩子不太一样，从他身上根本找不到一个小学生该有的样子。在我和他妈妈单独谈话的时间里，俊秀在一边等着，显得非常不安。虽然告诉他要在外面稍稍等一会儿，但是他还是每隔一段时间就进咨询室一次，确认妈妈是否还在。

在俊秀 5 岁的时候，爸爸和妈妈就离婚了。妈妈因为内心巨大的伤痛开始酗酒，很多时候只有喝醉才能进入睡眠。在妈妈睡着之后，小小的俊秀就依偎在妈妈身旁慢慢地进入梦乡。第二天起床时已经是中午了，所以俊秀在家的日子要比上幼儿园的日子多很多。妈妈因为宿醉不能起床时，俊秀就自己起床准备饭吃。如果家里没有饭菜，就用饼干来代替凑合吃一顿或者干脆饿一顿。

“老师，请救救我们俊秀吧。”

这位母亲开口的第一句话就显得如此迫切。

“我因为经常喝醉，不能很好地照顾俊秀。本以为把书包收拾好，送俊秀去上学就可以了。几天前突然接到了俊秀班主任打来的电话，真的把我吓了一跳。”

俊秀在学校完全不听课。上课的时候会突然站起来走出教室，就算老老实实坐在座位上，也根本不听老师讲课。即使是简单的问题，也回答“不知道”。班级集体活动的时候，俊秀完全不遵守纪律。总而言之，俊秀根本就不能适应学校生活。

专做“坏事”的孩子

“俊秀，你好啊，很高兴见到你。”

“……”

为了表示友好，我朝俊秀伸出手和他打招呼，但是他一句话也没有说，连看都没有看我一眼。于是我提议为了庆祝我们的第一次见面，一起玩一个“制作比萨”的游戏。这时俊秀才在椅子上坐了下来，但仍然一句话也没有说。所谓“制作比萨”的游戏就是在塑料制成的饼上，放上西红柿、火腿、奶酪、柿椒、蘑菇等，完成一个比萨的制作。俊秀每在饼上放一样东西，为了保证位置最佳都很费脑筋，但看得出来他很享受游戏的过程。

“哇！制作比萨的游戏真的很有趣。俊秀，你说是吧？现在我们一起整理道具好不好？”

“这些都是老师的，所以由老师来整理！”

俊秀把游戏用的道具散放在了地上，向我命令道。

“俊秀不是也玩得很好嘛，我希望我们一起来整理。难道你不想帮帮老师吗？”

“不要。我不整理。老师自己整理。”

我不想再强求俊秀和我一起整理，决心在俊秀打开心扉之前多给他一些时间。我明白这是俊秀在考验他初次见到的长辈，以此来了解这个长辈是否值得信任。长时间和酗酒的母亲待在一起，所以这个孩子根本就不懂得如何与人交流。又因为长期在没有长辈关心与爱护的环境中长大，俊秀非常缺乏安全感。而且他很久没有遇到可以信赖的成年人，所以对陌生人十分警戒，甚至敌视。这些都是正常的反应。

“老师，您不生气吗？”

我一个人收拾地上道具的时候，在一旁望着我的俊秀突然朝我这样说道。

“我觉得俊秀可能今天不太想整理，那下次我们再一起整理。”

“……”

我抬起头看见俊秀的脸上有着抱歉的表情。

有人认为只有别人做出了讨人喜欢的举动，才能拥有被爱的资格。但是有一些孩子根本就不懂什么是讨人喜欢的行为。在安逸环境中长大的孩子，因为得到了很多爱，所以能够感知自己存在的本身对于其他人来讲就是一种快乐。在这种环境中成长的孩子自信感很强，很容易就能和其他人相处好。

但是我们也经常看到一些父母——他们的心理状态和精神状态不是很稳定，因此他们的孩子连最基本的照顾和爱护都得不到。在这种环境中成长起来的孩子，很难信任他人和这个社会。他们很少体会到被爱的感觉，这就导致他们根本不懂什么样的举动才能被别人喜爱和尊重。很多时候，他们做出让人讨厌的举动，仅仅是为了吸引父母的注意罢了。比起父母对自己的不关心、不重视，还不如听到父母的吼叫和斥责。更严重的是，这些孩子会渐渐地否定自身存在的必要性。当他们做了令别人讨厌的事，别人朝他们发脾气时，他们会更加确信自己的想法，觉得自己是一个得不到爱的孩子。

对于这样的孩子来说，比起不停地纠正他们的错误，无条件地包容可能对他们的帮助更大。首先要让孩子感受到周围人对他的爱。一旦他们感受到爱意和关怀，就能认识到自身的存在感和重要性，然后才可能改变自己。

孩子的自由散漫不是品质问题，而是环境造成的

俊秀妈妈最担心的是俊秀不能过正常的校园生活。如果一个孩子正处在需要被照顾的年龄，却反过来担心妈妈，那么无论他身处何地都会感到不安。一个没有安全感的孩子在学校中当然不可能集中精力听课。满脑子都在担心自己的妈妈，又怎么能够听进老师授课的内容呢？换句话说就是身在学校，心还在妈妈身边。因此在老师和同学看来，俊秀是个不遵守纪律、自由散漫的孩子。虽然他们是因为不了解俊秀的情况才这样认为的，但这会使得不到理解的俊秀变得更加叛逆。

“俊秀呀，学校生活怎么样？有趣吗？”

“不怎么样。”

“为什么会觉得没有意思呢？”

“老师每天都冲我发火，同学们也不和我一起玩。”

“朋友们都不和你一起玩，你一定觉得很郁闷、很伤心吧？”

“老师，我们能不能再重新玩一次制作比萨的游戏？”

“原来俊秀觉得制作比萨的游戏很有趣呀？”

“是的。”

“老师也觉得很有趣，就是结束之后一个人整理道具，感觉有些累……”

“是因为我把比萨材料弄得到处都是吗？”

“是的，如果俊秀帮助老师一起整理的话，那样游戏会更有趣……”

“好的，我知道了。”

俊秀又开心地玩起了游戏。结束之后既没有把比萨材料弄得满地都是，还和我一起进行了整理。

“哇，我们俊秀真善良。都是因为俊秀帮忙，才能这么快整理完毕。”

得到了称赞的俊秀笑得很开心。一开始不愿意和人有目光接触的孩子，逐渐地开始看着别人的眼睛说话，观察起别人的反应来了。一直总爱做别人讨厌举动的孩子，在引导之下也开始做出一些让人喜欢的行为了。而这一切都是在他确信别人关心自己和喜欢自己之后才做出的。

随着咨询的进行，俊秀的状态变得越来越好了，现在见到长辈也懂得行礼，说话也使用敬语了。学校老师也称赞俊秀现在上课可以集中精力听讲了。虽然和同学们还是不太合得来，但是集体活动时与同学们的摩擦基本上没有了。还有就是，俊秀现在明显有一些关心他人的举动了，如把饼干藏在身后，突然拿出来作为礼物送给别人。比起这些来更重要的是，俊秀现在有了灿烂的笑容。

“俊秀变得开朗多了。我现在也重新打起了精神，每天都为儿子准备好饭菜，还正在努力戒酒。”

俊秀妈妈也终于明白了儿子之所以自由散漫是因为总是担心妈妈，缺乏安全感造成的。因此她决定即使再难，也要勇敢地想尽办法战胜苦痛。这位妈妈懂得了为了孩子情绪上的稳定，自己一定要拥有健康的生活方式。

如果你发现孩子的行为自由散漫，一定不要只看到他行为的影响和结果。你必须检查一下，是不是周遭环境中的某种因素在影响着他的情绪，是不是父母不好的生活习惯或者家庭环境破坏了孩子情绪上的稳定。只有健康的父母才能养育出健康的孩子。此外，父母还应该密切关注孩子和其他同龄孩子之间的关系。有很多父母亲因为孩子注意力不能集中来到咨询室，到最后发现并不是孩子秉性方面的问题，而是由于孩子心理上或情绪上不安引起的。

因此，如果想要自己的孩子注意力集中，那么父母就要注意自己的生活方式。只有父母生活方式健康，孩子才能获得情绪上的稳定。观察一下周围就会发现，如果一个孩子在消极事物上消耗过多的精力，那么他是不可能再关注积极事物的。这是因为他的注意力和心思都已经倾注在其他要素上了。

给父母的话

孩子只是渴望你的关心

如果孩子总是做出一些错误的行为，那么父母很容易认为孩子是在反抗父母，不听父母话。但事实上，孩子不是对父母不满，反而可能是因为想要获得父母的关心才故意闯祸的。比起父母对自己的不关心、不重视，还不如听父母的吼叫和斥责。孩子只是渴望你的关心罢了。希望得到他人的关心和爱护是孩子的天性，因此当孩子毫无理由地闯祸，父母就需要好好反省一下是不是给予孩子的爱不够多。

“你不能像我一样生活”
——每天打架的父母 VS 在不安中诉诸暴力的孩子

上小学三年级的圣元朝站在黑板前的老师扔了一根木棍，木棍擦过老师的身体打在了黑板上，发出了巨大的撞击声。老师和学生都非常震惊，一时间教室里叫声四起。学校赶紧打电话叫圣元妈妈来到学校，但是圣元仍拒绝道歉。妈妈代替圣元道了歉，两个人才出了教室。第二天圣元没有去学校，而是来到了咨询室。

“圣元妈妈一定很吃惊吧？”

“以前圣元就因为打同学，出现过很多状况，但没想到现在他对老师也用暴力，我真的不知道如何是好了。”

“您是说圣元总打其他同学吗？”

“是的。因此别的家长都不让孩子和圣元一起玩了。”

“没有朋友和圣元一起玩，他一定感到很受伤、闷闷不乐吧？”

“是这样的。我们家经济上不是很富裕，因此也不能送他去课外辅导班。他平时就一个人在家里玩。”

“圣元从什么时候开始打其他同学的呢？”

“从很小的时候就这样了。上了小学之后，因为力气更大了，问题也就变得更严重了。”

“冒昧问一下，你对圣元进行体罚吗？”

“在圣元小的时候没少打他。特别是我们夫妻打架之后，我会把火都发在圣元身上。我觉得可能因为这个才使得圣元变得这么暴力，所以内心很痛苦。现在我正在努力控制自己不发脾气。”

“你们夫妇间经常打架吗？”

“是的，特别是在圣元小的时候，经常打架。现在已经好多了。”

在圣元小的时候，圣元的父母就经常打架。爸爸摔东西，妈妈也跟着一起摔，然后彼此开始对骂，再后来爸爸就动手，于是战争就开始了。孩子就是在看着父母打架中成长起来的，有好几次还被父母扔过来的东西击中。

在这种环境中，圣元自然而然学会了骂人，学会了在生气时把东西扔向别人。邻居们看到圣元这样，都告诫自己的孩子不要和圣元一起玩。这样一来，圣元母亲和邻居们也不和，经常独来独往。由此，圣元母亲更讨厌丈夫了，常常不可避免地说出一些难听的话刺激丈夫，于是夫妻之间经常发生暴力。圣元就是在这种生活环境中一天天地加深自己对这个世界的愤怒。

跟妈妈学会骂人、跟爸爸学会暴力的孩子

你绝对不会认为这是一个三年级的孩子。圣元充满愤怒的眼神，比很多处在青春期的孩子还要锋利。

“圣元，今天没有去学校而是来咨询室，感觉怎么样？伤心吗？”

“我反而觉得很开心。反正去学校也没有人和我一起玩。”

“圣元现在有什么生气的事吗？”

“没有。”

“但是圣元看起来像是在生气。”

“我一直都是这样的。”

“我不太明白你所说的‘一直都是这样’是什么意思，你能给我详细地说一说吗？”

“我给人的印象一直都是这样的。”

“就算这样，老师还是想和圣元进行一次平和的对话。为了纪念我们第一次见面，我们先玩一个游戏然后再谈话，你觉得怎么样？”

“好的。”

“圣元选一个自己喜欢的游戏吧？”

挑选游戏的圣元，眼里熊熊燃烧的怒火消失了。一会儿圣元选了一个自己平时想玩的游戏“做还是走”。

“你玩过这个游戏吗？”

“没有。虽然没有亲自玩过，但看同学们玩过。”

“在哪里看到的？”

“教室里。”

“那为什么你没有跟着一起玩呢？”

“同学们不和我一起玩。”

“同学们不和你玩，你是不是很生气？”

“当然很生气了。因此我经常动手打他们，也用脚踢他们。”

“这样做了之后呢？”

“同学的妈妈会到教室来找我，这么一来，老师就又训斥我了。”

“这样的事情经常发生吗？”

“刚开学的时候基本上每天都如此，因此老师把所有的错都怪在我的身上，只讨厌我一个人，无论发生什么都说我不对。”

“那你一定觉得很冤枉、很生气吧？”

“昨天的事就是因为这样才发生的。”

“你指的是朝班主任老师扔棍子的事情吗？”

“是的。中午的时候，有一个同学捡了一根粗粗的树枝到教室里，我想看看，但他不想让我看。于是我就抢了过来，正巧这一幕被班主任看到了。”

“班主任说了些什么？”

“‘现在你还想用木棍打同学吗？这样的孩子怎么就来我们班了呢，真让人头疼。’还一直说着别的什么话，根本就没有打算听我解释。”

“班主任不听你的解释，只是不停地责备你，因此你感到很伤心。然后呢？”

“我就拿起木棍扔了出去。”

“是朝班主任扔的吗？”

“是的，是朝班主任扔的。”

“你想没想过可能会击中班主任？”

“直到木棍撞击黑板发出巨大声响的时候，我才清醒过来，觉得幸亏没有击中他。即使这样我也不想道歉。”

圣元对这个世界充满愤怒。这种愤怒是很难自我调节的，愤怒产生的时候，他只能朝其他人发泄。所以他很难与他人建立良好的关系。长此以往，圣元的被害意识越来越强，就彻底失去了自我调节愤怒的能力。在这种情况下，我建议圣元到医院接受专门的帮助。

到底是什么让刚刚小学三年级的圣元变得如此愤怒？圣元从小就生活在暴力的环境中，在应该学习爱的语言的时候，他学会的却是骂人。圣元耳濡目染学会的这些骂人的话使圣元被贴上了坏孩子的标签，这样一来圣元就很难交到朋友。在充满暴力的家庭中长大的孩子会认为世上所有的人都讨厌自己，然后愤怒就会在他小小的心灵里不停地滋长。

因害怕父母离婚而恐惧的孩子

如果孩子从小就经常目睹父母争吵，在不安定的环境中成长，那么他就会有不安的情绪。宰敏就是如此。

“你不能像我一样生活。”

很少从醉酒状态中清醒的宰敏妈妈，总是这样对四年级的儿子说。昨天晚上宰敏妈妈再次喝得醉醺醺地回来了，然后又是不可避免地与宰敏爸爸吵架。先是互相朝对方扔东西，之后便是对骂，声调越来越高，最后宰敏爸爸就开始动手打宰敏妈妈。这种日子已经持续一年多了。

就算前一天夫妻两个刚打完架，第二天宰敏妈妈还是会准时检查儿子昨晚作业的完成情况，只要一发现有错误就会体罚宰敏。这位母亲认为无论发生什么事情，一定要把宰敏养育好。她十分辛苦地经营着一个小餐馆。与此同时，她也在不停地抱怨自己的辛苦，以及不能送儿子去好的课外辅导班都是因为丈夫的无能。

这位母亲觉得无论自己怎么辛苦都不能忽略孩子的学习。因为她认为自己之所以过得这样艰辛，都是因为没有好好学习造成的。她希望儿子能够考上名牌大学过上好的生活。也正是因为宰敏妈妈有着这样的期待才能挨过疲惫的每一天。但是……

"宰敏太自由散漫了，不仅上课不集中精神听讲，还干扰其他孩子听课。已经有好几位学生父母反映过这件事了。"

班主任的电话让宰敏妈妈一屁股坐在了地上。宰敏对于妈妈来讲不仅仅是儿子那么简单，他是妈妈活着的意义、生命的全部。一直想把儿子培养成英俊、懂事、成绩优秀的孩子，却没想到突然有一天孩子被贴上了问题儿童的标签……失去人生希望的母亲一下子变得不知所措了。

"最近孩子变得话很少，总沉着脸。我还以为是孩子青春期提前了呢。孩子上课时完全不能集中注意力听讲。我到底该怎么办呢？班主任说会不会是注意力缺陷多动障碍（ADHD），建议我带着孩子去医院看看……"

辛敏妈妈不停地流着泪，说话也是断断续续的。

“不能集中注意力不一定就是ADHD。小时候没有问题，只是最近才出现问题，就更加可以肯定不是ADHD了。如果辛敏真的是ADHD，那么在上幼儿园的时候就会被发现有问题了。”

为了让辛敏妈妈放心，我又见了辛敏，更加确信了辛敏没有罹患ADHD。直到三年级还被称赞学习态度好的孩子，到了四年级态度突然有了这么大的转变，无非有两个原因：一个是学业难度增加，另一个就是身边的环境让他的心理有了很大的转变。

“辛敏长得可真帅，在学校一定很有人缘吧？”

“不是的。”

“长得这么帅，却不受同学欢迎，我不信。”

“同学们都讨厌我。”

“为什么这样说呢？”

“因为我在上课时总是打扰其他同学。”

“怎么做的？”

“老师一转过身或者不看我的时候我就和旁边的同学说话。”

“上课很没意思吗？”

“是的。”

“学习内容很难吗？”

“不难。家庭作业都可以完成。”

“辛敏上课不能集中精力听讲好像是有原因的，能和我说一说吗？”

"……"

稍稍犹豫了一下之后，宰敏讲述了自己父母的事。

"我一想到爸爸妈妈可能会离婚就觉得特别害怕。他们每天都吵架，彼此对骂，相互扔东西，有时候爸爸还会动手打妈妈。就算我来到学校上课，脑海里也总是浮现这些场景。为了不想这些事，我就打扰同学上课。于是同学们都很讨厌我，老师也很生气……"

宰敏上课时总是不停地想起前一天晚上父母争吵打架的情景，所以才不能集中精力听课。这才是造成孩子注意力下降的最根本原因。

父母的现在决定孩子的未来

对于宰敏妈妈来说，宰敏是个具有特别意义的孩子。宰敏妈妈虽然每天和丈夫生活在一起，但是夫妻两人之间的关系形同陌路，她只是为了孩子才勉强维持两个人之间的关系罢了。这位母亲把全部心思都放在了儿子身上，为了把儿子培养成人，就算再累也会尽力照顾好儿子，督促他好好学习。

孩子或许也明白妈妈的一片苦心，因此在四年级之前都按照妈妈的要求非常努力地学习。虽然宰敏做错题的时候，妈妈会责罚他，但是那时宰敏成绩优异，总得满分，还是很少挨打的。上了四年级后，学业难度有所增加，不像以前那样简单了。妈妈认为体罚可以让孩子更努力学习，但爸爸认为不能因为错了几道题就随意体罚孩子。于是夫妻两个整日为此争吵。

每次夫妻打完架，妈妈就会对宰敏更加苛刻。妈妈几乎每天都会检查孩子的试卷，错了就体罚孩子，然后夫妻间就会争吵……如此反复，没有一天安生的日子。整个家庭氛围非常紧张，夫妻两个争吵打架也越来越凶。每天打架的父母，挨揍的妈妈，打人的爸爸。因为知晓父母一直以来打架都是因为自己，宰敏更加悲伤了。所以宰敏常常在想，要是自己学习再好一些，父母之间的关系是不是就能变好呢？但是上课时注意力总是很难集中，即使坐在教室里，脑海里也不停地出现父母打架的情景。

只要一家人坐在一起，宰敏就会忐忑不安，因为不知什么时候父母之间又会爆发战争。父母总是叫宰敏什么都不要想，把所有心思都放在学习上，但是在这种不能带来安全感的家庭中生活，宰敏又怎么能够集中精力学习呢？宰敏的脑海里无时无刻不在想着那些让自己担心的事。

对于宰敏来讲，有给他买昂贵玩具的爸爸，有给他提供美味食物的妈妈，但没有一家人在一起其乐融融的幸福回忆。他的记忆里只有总是抱怨爸爸的妈妈，总是打妈妈的爸爸……比起其他东西来，宰敏更希望拥有一个幸福和睦的家庭。孩子需要的不是为自己花钱的父母，而是相亲相爱的父母。事实上宰敏的父母也有同样的梦想。

我决定约谈这一家所有的人。无论是宰敏的爸爸还是妈妈，都保证只要是为了儿子好，无论什么事情都愿意努力做到。看起来这对夫妻好像已经没有了对彼此的情意，但实际上心中仍然深埋着回归幸福生活的爱的火种。他们都想要恢复彼此之间的关系，都想要重新建立一个幸福的家庭。孩子深切盼望的事情，也正是父母的梦想。孩子心中勾画的幸福蓝图成为了父母新的目标，为了和儿子生活在一起，他们重拾信心，决定努力一把。

我建议这对夫妻首先改变一下自己的语言习惯。他们接受了我的建议。已经共同生活了10年，猛然间要把“都怨你”改成“幸亏有你”，确实不是一件容易的事。但他们仍努力地练习着，有些时候还会被对方努力的样子感动。语言习惯改变的同时，对于对方的看法也发生了改变。他们原来只是一味地埋怨对方，现在也能看到对方的付出，懂得了感谢对方。如果只想着对方带给自己的伤痛，就会越来越憎恶对方。如果想着两个人是今生不应该相遇的恶缘，就只会彼此恶语相向。

但是，现在这对夫妻开始努力寻找对方身上值得感谢的地方，开始看到一度讨厌的人身上也是有一定优点的。同时也了解到对方曾经被自己伤得很深，为了不再伤害对方，他们一言一行都小心翼翼，尽可能使用正面的词语。如果他们真的能够充满爱意地生活在一起，孩子的情绪就会逐渐稳定下来。在和睦的家庭中成长的孩子是不会轻易产生不安的。

宰敏在咨询初期做过幸福指数测验，结果只有25分，但是看到父母逐渐发生改变之后，他的幸福指数上升到了80分。

最终，宰敏的学习生活也恢复了正常，还经常受到老师的表扬，朋友们也慢慢开始肯定他，和他一起玩。宰敏和父母变化一新，这个三口之家又重新充满了笑声。

只有家庭和睦幸福，孩子才能获得情绪上的稳定。只有孩子情绪稳定了，他才能集中精力做其他事情。如果你希望自己的孩子能集中精力学习，拥有快乐的生活，就要学会爱自己的配偶。夫妻两个彼此相爱，多进行一些充满正能量的对话，才能在和孩子说话的时候也充满爱意，具有正能量。在这种环境中成长的孩子才能努力过好现在，梦想未来。

给父母的话

孩子并不像你想象的那样什么都不懂

如果父母以为孩子年幼，不懂得家里发生了什么事，那么父母就很难体会到孩子的痛楚。事实上孩子并不像父母想象中的那样什么都不懂。就算孩子不知道家中具体发生了什么，也能够感受到家中涌动的寒流和紧张的空气，然后孩子会感到非常不安。正因为孩子不了解家中到底发生了什么，也不知道为何家中出现了变故，才会更加恐惧。有些时候孩子会认为接下来家中可能会发生更严重的事，从而陷入更大的苦恼之中。如果你认为孩子年龄尚小，就在孩子面前口无遮拦或者做出一些不恰当的举止，那么很有可能让孩子幼小的心灵背上沉重的包袱。

“应该父亲严厉、母亲温柔吗”
——为教育方式发生争执的父母 VS 陷入混乱中的孩子

智妍是一位马上要上小学的小女孩。5 岁之前，由于智妍的父母都上班，智妍就被寄养在外婆家。智妍妈妈因为只有周末才能看到女儿，曾一度很伤心。智妍上了幼儿园以后，妈妈为了能够一心一意地教育女儿，就辞去了工作，可没想到在女儿的教育上不仅没得到丈夫的赞扬，反而经常受责备。

刚上幼儿园的时候，智妍总不能集中注意力听老师讲话，只是做自己想做的事。有些时候比起自己的事情来，她对其他小朋友的事情更关心，总想参与到别人的事中，惹得其他小朋友很生气，因此智妍常常受到老师的批评。智妍妈妈觉得智妍正在适应幼儿园生活，老师的反应有些过分，她认为老师总是站在其他小朋友那边，因此很伤心。

但是智妍爸爸却十分冷静。爸爸认为女儿在基本的生活能力、遵守集体规则、学习态度等方面存在问题。智妍妈妈觉得丈夫对待女儿的态度很无情，所以更加郁闷了，于是决定以后关于女儿的任何不好的信息都坚决不告诉丈夫。无论女儿是失误还是做错事，妈妈都无条件偏袒女儿。越是这样，丈夫越是更加严厉地指出女儿的错处。夫妻两个整天因为这唯一的女儿争吵不停。

“老师，孩子还这么小，如果什么事情都按照长辈说的去做，那么还要学校干什么？智妍爸爸总像对待小学生一样，对待还在上幼儿园的智妍，有时候还冲智妍大喊大叫，孩子真是太可怜了，我都不忍心看。那种场景要是让外人看到了，还以为智妍是抱养的呢。”

智妍妈妈刚一踏进咨询室就开始诉说对丈夫的种种不满。

“马上就要上小学的孩子一直要帮她到什么时候为止？哪些事情是可以做的，哪些事情是不可以做的，总得要有个原则是不是？”

智妍爸爸也对妻子投以不满的目光。

“两位今天是因为最担心智妍哪一点才来的？”

“智妍在幼儿园总是不能集中精力听老师讲话，自己的事情都不能完成还总干涉别人的事，因此其他小朋友不是很喜欢智妍，孩子感到很伤心。”

智妍爸爸又接着妻子的话说道：

“孩子现在连韩文都还没开始学习，就已经厌倦学习了。此外她还不愿意好好坐着，总想趴在桌子上。就这样，孩子妈妈还说没关系，真让人郁闷。”

夫妻两个互相指责对方的种种不是。

因父母不同的教育方式而陷入混乱中的孩子

“智妍觉得上幼儿园有意思吗？”

“没意思，老师和同学都不喜欢我。”

“为什么会认为他们都不喜欢你呢？”

“老师总是用生气的口吻和我说话，小朋友们也不愿意和我一起玩。”

“那你能具体说说什么时候，老师会用生气的口吻和你说话吗？”

“讲故事的时候老师会对我说‘你坐端正点儿’‘不要打扰其他同学’；吃饭的时候老师会对我说‘别人都在认真吃饭，你不要东张西望看别人，赶紧吃你的饭’。”

“智妍好像很关心别人在做什么。”

“是的。”

“但是你在看其他人的时候，还能听清老师讲什么吗？”

“不能，因此老师经常发火说‘又不认真听讲’。”

“你在看着同学的过程中，和他们说话吗？”

“我经常和他们说‘吃饭不能挑食’‘要多吃菠菜’‘应该细嚼慢咽才行’。”

“智妍这样说了之后，同学们有什么反应？”

“管好你自己吧。”

“听同学这样说，你一定很伤心吧？”

“是的，但我仍然忍不住想说。”

“为什么明知道同学们讨厌你这样，还总是说呢？”

“因为我每天都听到这些话。爸爸一看到我就会说‘你应该这样做’‘你应该那样做’。”

智妍已经习惯趴在地上看书、画画，甚至吃零食，而妈妈明知道这些都是不好的习惯，却仍然纵容女儿。这一切都源于妈妈内心的愧疚感。在智妍小时候妈妈因为上班被迫和女儿分开，不能很好地照顾女儿，所以现在只要是女儿想要做的，妈妈都无条件地应允。每天智妍从幼儿园回到家，就躺在卧室一动不动，妈妈会自然地帮女儿做好一切。可以说只要是和妈妈在一起，智妍任何事情都可以躺着或者趴着做。所以她渐渐觉得根本没必要在椅子上坐得那么端正，时间一长她也变得讨厌坐在椅子上了。

这样过了很久之后，智妍爸爸的出现改变了这一切。他开始注意起女儿的一举一动来，一看到有不正确的地方，就要指出来。他指正女儿应该端正地坐在书桌前看书写字，应该在饭桌上吃饭……然后爸爸就开始不停地唠叨“字怎么写得歪歪扭扭”“写字怎么是这个顺序”“吃饭应该细嚼慢咽”“坐端正点儿”……

像智妍父母那样，在教育孩子方面不能保持步调一致，很容易让孩子陷入混乱状态。孩子年龄越小越容易喜欢对自己宽容的一方，敌视严格对待自己的一方。但随着年龄的增长，孩子就变得不知道该站在哪一方了，甚至开始学会看长辈眼色行事。如果孩子与父母中的一方站在一起有了小秘密，很容易就会孤立父母中的另一方。这种不正常的家庭气氛在孩子进入青春期后会变成一股可怕的风暴，孩子会严重反抗没有站在自己一方的家长。

教育孩子要确立标准

“智妍爸妈，你们希望智妍成长为什么样的孩子？”

“成长为幸福的孩子。”

两个人异口同声地说道。

“那么请先制订一个行为标准，共同明确哪些事情是智妍可以做的，哪些事情是智妍不可以做的。然后准确地把这些传达给智妍，最后再写在纸上贴在全家人都能看见的地方。父母坚决不能根据自己的意愿随意改变标准，这非常重要。这样智妍才能够尽快确立行动准则。”

“但我们真的不知道该从哪儿开始？”

“那么先说一说你们夫妻频繁争论的部分都有哪些？”

“因为智妍姿势的问题，我们总是发生冲突。无论孩子趴着看书还是写字，甚至是吃饭，孩子妈妈全都允许。”

“对于智妍爸爸不满的地方，妈妈是怎样认为的？”

“我也认为孩子姿势有问题。但是因为孩子爸爸总是严厉地指责孩子，我觉得女儿太可怜了，就更纵容她。”

“按照妈妈说的只要爸爸改变一下自己的态度，妈妈也会改变，是吗？”

“是的。因为老公对孩子太凶了，我就总想对她好一点儿。”

“智妍爸爸你是怎么想的呢？”

“我觉得智妍妈妈太惯孩子了，如果连我也宠爱她，那孩子不知道会变成什么样子。所以我就对她很严格。”

“那么两位就请从现在开始，把规范智妍的标准定一下。我想嘱咐你们的是，如果你们想要女儿严格按照行为标准去做的话，那么一定要给她充分的关心和鼓励。如果孩子一个小的举动都得到了表扬，那么其他方面也会跟着变好。”

“好的，我们记住了。”

因为希望儿女能够快乐地生活，所以有很多父母对待孩子的态度很不恰当。这种时候，夫妻俩一定要通过沟通统一标准。如果不这样做的话，孩子就会因为不知道该听从哪一方，而陷入混乱。还有些时候夫妻中的一方会把对另一方的不满发泄到孩子身上，从而给孩子的情绪造成负面影响。这样一来孩子就容易变得爱观察别人的眼色，无论在什么场所做什么事都不能集中精神。

智妍父母对彼此教养孩子的方式不满，于是就把情绪发泄在孩子身上。这都是因为他们没有通过沟通制订统一的标准，而是按照自己的想法去要求女儿。哪些事情可以做，哪些事情不能做，如果没有明确的标准，孩子就会混乱，由此会导致注意力下降，甚至影响孩子的自我调节能力。即使夫妻有些不愉快或者存在某些困难，也一定要制订正确的行为准则，这对孩子的成长是十分重要的。也只有这样做，才能让孩子在集体活动时，遵守规则，和同龄人打成一片。

确立行为标准之后，需要耐心地等待一段时间，因为孩子熟悉这些行为标准需要一个过程。而在这个过程中难免会出现一些问题，这时父母不要去责骂孩子不按照规定去做，否则孩子就会退缩，意志和欲望也会被削弱。

正确的行为标准要贴在孩子能够看到的地方，这样他才能及时发现自己的错处，进而改正。长此以往，孩子不仅可以端正自己的行为，还可以更好地融入集体活动，不会再干涉别人的事情了。很多孩子由于在指责的环境中长大，因此看到别人犯错也会不自觉地指出来。

给父母的话

父母对待孩子应该统一标准

父母统一标准去要求孩子利于孩子情绪的稳定。虽然刚开始，可能大家会感觉有些不舒服。但是只要标准明确，孩子慢慢就会适应。

遵守集体规章制度也是一样的。在有行为准则的家庭中成长起来的孩子，他们因为很熟悉约定和规则，因此很容易就能适应集体生活。但是父母如果没有统一标准的话，孩子就会因为不知道该听谁的而陷入混乱。

第三章
解开孩子心结的方法

学会认输和赢得胜利一样重要
——让孩子学会遵守规则

盛奎是一名小学二年级的学生，老师对他的评价是：习惯性不遵守规定，总喜欢不停地问问题。盛奎父母是双职工，盛奎是由外婆带大的。外婆养育盛奎很吃力，因为盛奎很不听话，无论和他讲多少遍甚至大喊大叫也丝毫不起作用，所以外婆经常发火。盛奎爸爸很担心儿子，但妈妈的想法却有些不一样。她觉得盛奎的行为和一般低年级的男生没什么两样，都是很正常的行为。因此，她常和家里的其他人发生争执。每一天盛奎都希望妈妈下班的时间快点儿到来，他一点儿也不想与爸爸和外婆说话，当然更谈不上情感上的共鸣了。

只想赢的孩子，没有人愿意靠近

“盛奎是家里的独生子吗？连爸爸也一同来了，看来全家人对他真是特别关心啊。”

“是的。因为工作太忙，所以只生了盛奎一个孩子。”

“盛奎成长过程中一定得到了很多宠爱吧？”

“这倒也不是。爸爸和外婆对盛奎都很严格。”

盛奎妈妈朝丈夫看了一眼。

“盛奎妈妈去上班后，主要都是由外婆来照顾盛奎吗？”

“是的，因为盛奎不是很听话，使得丈母娘很累。”

“老师，您也知道现在的孩子无论在哪儿都不害怕长辈，甚至有的孩子可以坐在长辈的头上，但是盛奎爸爸是绝对不允许孩子这样做的。”

“那你觉得孩子坐在长辈头上是好的行为吗？”

盛奎爸爸听完妻子的话后，皱起了眉头，显得有些生气。

“原来你们两位对教育盛奎的方式有很大分歧啊。”

“是的。现在又不是朝鲜时代。真是太令人郁闷了。”

“我想问一下，在盛奎面前你们的意见也表现得很不同吗？”

“是的，我们总是争吵。所有争吵的主因都是盛奎。”

“今天来这里是什么原因呢？”

“班主任老师说盛奎太累人了，所以我们才来的，事实上我们也不是很清楚有没有必要来。”

盛奎妈妈觉得自己的儿子根本没有必要接受咨询。

“我和孩子妈妈的想法不一样。现在盛奎已经二年级了，还总是一心想赢，丝毫不愿意按照规则去做。孩子以后会怎么样，我真的很担心。因为现在同学们已经开始不喜欢他了。”

盛奎的父母在如何教育儿子这件事情上，价值观很不一样。虽然爱孩子的心情是一样的，但教育方式却很不一致。盛奎爸爸不希望儿子成为没有教养的孩子，对儿子很严格；而妈妈对盛奎又过分地宽容。儿子因为不知道该听从谁的，陷入了严重的混乱中。一般父母的行为标准不统一，孩子就不能形成正确的价值观，他的日常行为就会完全按照自己的心意去做。如此一来，在家中就会分出派别，孩子会对其中一方怀有敌对情绪。只有父母以统一的行为标准和价值观去教育孩子，孩子才能情绪稳定，与别人相处融洽。让孩子严守一定行为标准，孩子才可能成长为一个具有责任感的人。反过来讲，在没有统一标准的环境中成长起来的孩子，就很容易没有安全感。

双职工夫妇中，像盛奎妈妈那样因为平日对儿子疏忽而产生愧疚感，进而没有原则地对儿子无限宽容的情况屡见不鲜。这些家长即使发现孩子有一些坏习惯，或者不愿意遵守正确的行为规范，他们也会装作看不到；孩子要求买一些价格昂贵的东西，他们也会无条件地买。这都是因为家长觉得如果自己指出孩子的错处或者拒绝孩子的要求，孩子就会意志消沉，对自己感到失望。家长相信孩子如果得到了他们想要的一切，就会成长为有自信、有自尊心的孩子。

但是自信和自尊心并不是在孩子心愿达成的时候才能产生。所谓自信和自尊心是孩子相信自己是宝贵的，是值得被爱的感觉。而这种感觉并不是他们只想着自己就能够产生的，它是在关怀别人、与别人交往的过程中衍生出来的。如果孩子的行为总是与同龄人不一致，很难与同龄人相处好的话，那么他又怎么能成长为一个有自信和自尊心的孩子？

许多孩子因为自己想要什么就可以轻易地得到什么，所以养成了万事都必须赢的心态。这些没有体验过失望的孩子，在与同龄人的交往中是绝对不懂得容忍和等待的意义的，当然他们更加不能接受失败。一个万事都不遵守顺序和规则、一心想赢的孩子，谁又愿意和他一起玩呢？父母以为不让孩子失望就是在培养他的自信和自尊心，但事实上与父母期待的完全不同，没有人一起玩耍的孩子只会自卑。只想赢的孩子身边不会有朋友，最后他会变得更加狂躁。

不能为了补偿就一味迁就孩子

“盛奎，你好啊，很高兴见到你。”

“这里所有的玩具都可以玩吗？”

“原来盛奎喜欢做游戏啊。”

“当然喜欢了。因为我无论玩什么都会赢。”

“你是说所有游戏都会赢吗？”

“因为在我家几乎所有的玩具都有。”

“家里玩具那么多吗？”

“是的，只要我想要，妈妈都买给我。”

盛奎妈妈通过给儿子买他想要的玩具这种方式来补偿对儿子的愧疚。

“在家里，盛奎主要与谁一起玩游戏？盛奎不是独生子吗？”

“主要与妈妈一起玩，只是偶尔与爸爸玩。因为感觉与妈妈玩更有意思。”

“为什么与妈妈玩更有意思呢？”

“因为我总是能赢妈妈。”

“那你有没有总是赢的秘诀呢？”

“是的。当出现的结果不是我想要的时候，反悔重来就可以了。”

“那和爸爸一起玩的时候，你也可以犯规反悔吗？”

“当然不可以了，那样做就死定了。所以我不敢那样做。”

“原来就算违反规则，盛奎也想赢啊。”

“那是当然的了。做游戏赢了才有意思嘛。”

对盛奎来讲，和妈妈玩游戏，过程的快乐没有胜负来得重要。可以说，他根本就感觉不到游戏本身的乐趣，只是一心追求胜利的喜悦。一句话，过程对于盛奎来讲不重要，重要的是结果。

“那和同学们玩游戏的时候，你也犯规吗？”

“当然了。但是他们大部分不知道我犯规。”

“你说大部分人不知道，也就是说还是有少数人知道喽？”

“是的。所以他们都不和我玩了。”

“那盛奎现在有几个特别好的朋友？”

“基本上没有。一个吧。因为无论玩什么游戏，通常都是我赢，所以他们都不和我玩了。”

原来盛奎也是懂得的——大家都讨厌即使犯规也一定要赢的自己。但是他并没有打算改变自己，取而代之的是想要用新的游戏吸引同学们。每个学期开学的时候，盛奎都会带来新的玩具，这时候会有三三两两的同学感兴趣。但是时间一长，很多学生就不再和过于在意胜负的盛奎玩了。这样一来，盛奎觉得自己需要新的玩具，因为他觉得只有这样才能重新吸引同学和他一起玩。

“盛奎妈妈，听盛奎讲您总是和他一起玩游戏？”

“是的，因为孩子很喜欢玩游戏。”

“孩子遵守游戏规则吗？”

“不遵守，经常犯规。”

“那这种时候您是怎样做的呢？”

“我就装作不知道，让他赢。因为孩子赢的时候会非常开心。再说我也没有一定要赢孩子的理由。

“因为这样您才默许盛奎犯规的呀。”

盛奎爸爸脸上露出了不悦的神色，斜眼看了看盛奎妈妈。

“那您认真想过为什么盛奎总是想要新的玩具吗？”

“因为没有人陪他一起玩，所以才让买新玩具的，不是吗？”

“也有这方面的原因，但真正的原因是他想用新玩具吸引同学们的注意力。”

“您是说他是希望获得别人的注意才要求买新玩具的？”

“是的。因为无论玩什么游戏，盛奎总是一心想赢，同学们就都不和他玩了。为了重新吸引同学们的注意力，所以他需要新的玩具。”

妈妈每次看到盛奎一个人，连一个玩伴都没有的时候，就会感到很自责。她认为因为自己工作的原因，不能让孩子请同学到家里玩，因此儿子才没有朋友。正是由于这种想法，妈妈才总是给盛奎买昂贵的玩具，或者陪他一起玩游戏。但妈妈却无法让孩子充分体会到游戏过程中的快乐，因为妈妈是出于义务感才和儿子一起玩的，内心想的却是快点儿结束游戏，这样才能休息。所以说盛奎妈妈根本就不是享受游戏本身。结果就是：在妈妈的义务感中，孩子失去了体会游戏真正乐趣的机会。

“那么如果想让盛奎和同龄朋友相处好，我们应该怎么做？对于孩子没有朋友这一点，我们很担心。”

“首先应该教会盛奎遵守规则。因为没有一个孩子想要与一个即使犯规也要赢的人交朋友。”

“那我们怎样做，孩子才会遵守规则呢？”

因为盛奎妈妈意识到了不遵守规则给儿子交友带来了不好的影响，所以用担心的目光看了看一旁的丈夫。

满足孩子的需要，要有一定原则

“首先，家里所有人的教育观念要统一，说话也一样。并且对家人遵守规则的态度进行称赞。和孩子玩游戏的时候，要对孩子强调遵守规则玩游戏是多么有趣。不要带着义务感和孩子玩，然后心中只想着快点儿结束。要发自内心地和孩子玩。输的时候，要真心为对方的胜利感到高兴，这一点一定要展示给孩子看。家人一起玩游戏时，要享受游戏本身所带来的快乐，这样孩子自然而然就会发生变化。”

“真的会发生改变吗？”

“是的，一定会发生改变的。只要长辈们的教育观念统一就可以了。而且和孩子玩耍的时候，要发自内心地享受游戏所带来的乐趣。这样一来，孩子就不会再过于在意胜负了，因为游戏本身的趣味性已经超过了孩子对胜利的渴望。但盛奎好像到目前为止还没有享受过游戏带来的快乐。”

最后我再次向盛奎父母强调家人之间一定不要相互指责。在孩子面前，丈夫指责妻子，妻子呵斥丈夫，是绝对不行的。特别是无视外婆或者指责外婆，在孩子面前更是绝对不能做的。只有维持好老人的权威，孩子才能认可父母和学校老师的权威，听从他们的劝诫。

社会上有很多父母像盛奎妈妈一样，孩子想要什么就给什么。对于孩子希望得到的东西，父母要有个限度。有必要观察一下，是孩子真的想要，还是孩子被孤立为了吸引其他同学的注意力才想要的。如果孩子能够遵守学校的各种规定，并且乐于为他人着想的话，他会从其他学生那里得到积极的反馈信息。而这样的孩子不仅能和别人很好地相处，自信心也会大幅度增强。

如果你希望孩子能够有良好的人际关系，请强调过程的重要性。这样孩子才会在与人交往的过程中得到快乐，产生共鸣，才能在日常生活中如鱼得水。

给父母的话

告诉孩子过程比结果更重要

在家里孩子也需要练习遵守规则。而这个规则应该是父母经过讨论达成一致后制订的。但是我们绝不能期待孩子每时每刻都遵守规则，我们需要在孩子的成长过程中多给他一些称赞和鼓励。孩子在实现目标的过程中，即使一个小小的进步我们也要称赞，这样他就会渐渐意识到过程比结果重要。在这种环境中成长起来的孩子即使对胜利有强烈渴望，也绝对不会为了赢而犯规或者耍赖。

父母过度的爱导致孩子说谎

——让孩子自己去成长

敏洙是一个刚刚离开妈妈怀抱踏进小学校门的男孩子，因为偷同学的钱包而被带到咨询室。而在这之前，敏洙只是一个在父母关怀下成长的普通孩子。对于父母来说，敏洙是那么乖巧。每天都按照爸爸给他制订的计划度过，一点儿也不挑剔地吃着妈妈精心准备的健康食品。虽然大排档卖的炒年糕和金鱼饼看起来很好吃，但敏洙一次也没有央求父母买过，只是吃妈妈允许的对身体有益的零食。

小学校门前不远处有很多看起来很好吃的零食和各种各样的小吃诱惑着学生们。学生们时常站在小摊前快乐地吃东西，而敏洙因为妈妈说过不能吃对健康有害的食品，所以每次都转身而去。但是时间长了，敏洙开始有些羡慕那些买小吃的同学。于是鼓起勇气对妈妈说自己也想吃，却遭到了妈妈训斥，妈妈对他讲解为什么不能吃那些小吃。敏洙觉得想要得到妈妈的允许怕是不可能了，可他想要吃的欲望却丝毫没有减退。敏洙偶尔替同学拿书包，同学会让他吃一口，但是他不能满足，于是他开始憎恶只让自己吃一口的同学。

一天，敏洙偶然看见同学把一张1000元（韩元）的纸币塞进书包，然后去了卫生间。周围的同学大多在吵吵闹闹，没有人关注敏洙在做什么。虽然也很紧张，但仍旧没能抵得过一个人尽情吃一次门口小吃的强烈诱惑，敏洙把同学的钱放进了自己的口袋里。

丢了钱的同学报告了老师。老师让全班同学把眼睛闭上。从闭眼的那一刻起敏洙就因为害怕而心脏咚咚地跳个不停。老师问道："你们中间或许有谁捡到了同学丢的钱，请悄悄地把手举起来。"老师的话引起了一阵骚动。老师说只要现在把捡到的钱还给同学就什么事情都没有。敏洙几次都想把手举起来，但是又担心把钱拿出来后大家会说自己是小偷。过了一会儿，老师让大家睁开了眼睛。老师对丢钱的同学进行了安慰之后，便好像什么事情也没发生过一样，没再要求大家做什么。直到这时敏洙才长吁了一口气。

但事实上，老师什么都知道。只是一直静静地看着把手放在口袋里握紧又松开犹豫着的敏洙。于是敏洙的妈妈被叫到了学校。羞愧、不安的妈妈在老师面前连头都抬不起来，她对老师说只要是敏洙需要的东西，全都给他买最好的。妈妈不相信自己的儿子会去偷别人的钱。老师小心翼翼地规劝妈妈带敏洙去做一下心理咨询。

讨厌和害怕父母的“乖儿子”

“千万不要把我说的话告诉我的爸爸妈妈。”

“看来敏洙你有很多小秘密啊。”

“只对我的爸妈保守秘密就行。”

“为什么呢？这样做有什么理由吗？”

“爸爸妈妈知道的话，会生气的。还有可能会打我。”

“爸爸妈妈会因为什么生气，我能问一下吗？”

“我偷了同学的钱。”

“你这么需要钱，一定是有什么理由吧？”

“因为我想买小吃店的小吃。”

敏洙偷同学的钱仅仅就是为了这个。但他却屡次嘱咐我一定要对自己的父母保守秘密。

“看来敏洙真的是很想吃那些小吃。那么你把这件事告诉妈妈了吗？”

“我说了，但是妈妈说不行。偶尔问朋友要一口，也觉得不过瘾。你不知道他们有多卑鄙。”

说起无情的妈妈和卑鄙的同学，敏洙的嘴角有一些抽动。

“爸爸妈妈经常训斥你吗？”

“只要不按照爸爸说的去做，就要挨骂。基本上每天都挨揍，真的很疼。虽然讨厌，但是我也只能忍着。我也讨厌回家，因为我连休息都不能，他们只知道一刻不停地让我学习。这个世界上我最讨厌、最害怕的人就是爸爸妈妈。”

第一次见面，敏洙就把自己心里的不快一吐而光。

为了能把敏洙培养成优秀的人，敏洙父母甚至上了专门为父母开设的学校进行学习，接受训练。学校里强调不要感情用事，要一直用同一个标准对待孩子。但实际上，这种教育只是不停地告诉父母他们是多么正确，却没想到让他们忽略了孩子的情感。每次孩子犯错，他们都在想不能白白错过这个机会，都会花时间想怎样教训儿子。敏洙的父母想要用鞭笞的方式，使儿子走上自己为他选择的捷径。

平坦而安全的路没有意思

“敏洙爸爸，您一定很吃惊吧？”

“人活着真是什么事都能遇上啊。”

“但您认真想过老师为什么劝您带敏洙来这里吗？”

“不是因为敏洙偷了其他同学的钱吗？”

“我认为如果仅仅是出于这个原因，老师的训诫和父母的谈话就足以结束这件事情。”

“难道还有别的什么原因？”

“那您认为为什么敏洙会拿别人的钱呢？”

“这件事我怎么也想不通。因为他用的东西，我们都买最好的给他。”

“那么那些东西是敏洙要求您买的吗？”

“才小学一年级，他怎么懂得什么东西是必需的呀？”

“因为东西都是敏洙在用。那你们有没有问过他想要什么？”

“敏洙那么小什么都不懂。我们把最好的买来给他用不就可以了。”

“敏洙爸爸，敏洙是因为想要吃学校门口卖的小吃才偷同学钱的。”

听我这么一说，敏洙爸爸吃了一惊。

“这是为什么呢？学校门口卖的小吃含有很多色素，是绝对不能吃的。”

“但同学们都在吃。就像您说的一样，他还很年幼，看见同学在吃，他该多么想吃啊。敏洙爸爸小时候不吃零食吗？我也吃了很多呀。”

“我小时候当然也吃了很多，因为其他孩子都在吃。但是时间一长，我觉得也没有那么好吃，渐渐地就不吃了。”

敏洙只是一个想要体验同龄人所做的事的孩子。因为父母不允许，所以很多时候都在极力忍耐。敏洙自己也想像同学们那样，但是父母又不同意，于是只能说谎。孩子只是单纯地想要尝试，但父母为了孩子着想，很多时候禁止他们做这做那。因为怕孩子跌倒，就把孩子将要走的路上的所有障碍物都移走，为他们提供一条平坦而安全的路。但是这条路对于孩子来说着实没有意思。

父母总是一心想要把最好的给孩子，让孩子只吃对身体好的东西，让孩子只看对身心有益的东西，却没想过在成长过程中，孩子和同学们一起做某事，会形成一种特殊的文化。和同学一起吃零食，一起做游戏，这些在父母眼中对学习丝毫没有益处的事情，在孩子的眼里却是重要的事情。敏洙也是如此。

同学们可以做，自己却不可以。敏洙就这样承受着失望与挫折。他觉得可能再长大些就可以做了，但是等来等去还是不被允许，于是就更渴望去做那些被禁止的事。央求同学得来的那口吃的也因此变得更美味。看见同学的钱也不能拒绝诱惑，于是忍不住就偷了。

“敏洙，你真的那么想吃学校门口卖的小吃吗？”

“……”

“应该让爸爸妈妈给你买呀。”

“你们不是不给我买吗？和妈妈说了，但妈妈只说是垃圾食品，不许吃。”

“要是真的想吃的话，你应该再尝试着说一遍呀。”

“就算那样，你们还是不会给我买的。”

我想爸爸在指责儿子偷钱之前，先要理解孩子的心意。因为从孩子的脸上可以看出，对于自己的行为他是多么后悔和恐惧。

“敏洙想要做什么，和爸爸一起做吧。”

“真的？我可以说吗？我想吃学校门前大排档卖的炒年糕。”

敏洙就像不相信爸爸一样和爸爸一起出去了。

孩子比长辈想象的要聪明

和父亲一起吃过炒年糕的敏洙一周之后再次来到了咨询室，脸色变得明朗了很多。

“敏洙看起来心情很不错，和爸爸的约定后来怎么样了？”

“心情倒是不坏，但一想起爸爸还是有一些郁闷。”

“为什么一想起爸爸会觉得有些郁闷呢？”

“一回到家，爸爸就不停地让我学习。爸爸为我制订了一个计划，连休息的时间都没有。”

“那你什么时候休息呢？”

“在学校的时候休息。因为老师不像爸爸那么可怕。”

敏洙是一个在家中过度紧张的孩子。每天都在按照爸爸制订的计划表生活，所以当大部分孩子都在课堂上集中精力听讲的时候，敏洙却在休息。因为比起家中的计划表来，敏洙觉得学校更放松。如果不是孩子学习的时间却非得勉强他学习，那么第二天孩子就很难集中精力听课。通过测试和提问可以看得出敏洙所承受的压力的原因和程度。为了了解敏洙的幸福指数，我又约见了他的父母。

“你们觉得敏洙压力大吗？”

“没有。因为敏洙从来没有表现出烦躁或是有反抗的行为。”

“为了敏洙，我们什么都可以做……”

“但敏洙却说比起学校或者课外辅导班来，在家里学习压力更大。”

“幸福指数随着场所的不同变化会很大。在家里的时候最低。满分100分，在家中时只有25分左右，在学校为75分。可想而知敏洙在家中所受到的压力有多大。”

“那么压力的原因主要是什么呢？”

“敏洙说放学后家中的学习任务太重了。繁重的学校生活刚结束，回到家里又要开始学习，所以感觉很郁闷。”

“据我所知，其他学生也是这样的。”

“但是像目前这样强迫性的学习，孩子能够坚持得了吗？”

“谁都知道应该努力学习，当然敏洙也不例外。”

“那么听一下敏洙的想法，你们和他一起制订学习计划，您觉得怎么样？”

“具体怎样实施呢？”

“哪一个科目该学习多长时间；顺序是怎样的；要适当地休息多长时间等，这些都要问一下敏洙的想法。如果计划得到了孩子的认同，那么他实施起来也就更有积极性。还有计划也只是个计划而已，您要告诉他有哪些地方可以修正。”

“如果他想要玩，那怎么办？”

“每两周带他出去玩一次也是可以的。现在他已经是一个一年级的学生了，也应该让他体会一下各种各样的事情。这对于敏洙来说也是非常必要的经历。您不要有过多的担心，事实上孩子比大人想象中的要聪明。如果你认真地问过孩子的想法，他是不会让长辈失望的。”

“我们敏洙真的会这样吗？”

敏洙和父母坐在一起重新开始制订计划表。里面甚至还放进了敏洙和爸爸踢球的时间，家人一起对话的时间也包含在内。然后每过一周会重新对计划修正一次，每次计划里都会反映出敏洙的意见。和父母想象中的不同，敏洙一丝不苟地按照学习计划去做。虽然和父母以前计划的学习量没有多大差别，但因为是敏洙和父母一起制订的计划，所以他尽自己最大的努力想要去完成。相较以前来讲，敏洙的学习也更有效率了。父母为孩子制订的计划对于还在上小学的孩子来讲分明有一定的缺陷，只有让孩子自己找到合适的学习方法才是明智之举。

制订学习计划时，考虑一下孩子与生俱来的性格和特性比任何事情都重要。很多父母都认为孩子一放学就完成作业才是最好的，但是有些孩子却在汗流浃背的运动之后更能集中精力学习。因此父母不要按照自己的判断来强迫孩子去做，而是应该努力找到更适合孩子的方法。学习目标应该是孩子通过努力之后可以达到的目标。这样他才能在实现目标的过程中更有成就感。

在给孩子制订包括学习在内的全面生活计划时，不要过多地强调父母的想法，用条条框框困住孩子。因为孩子太憋闷的时候会想要跳出父母建造的“围墙”。如果父母留给孩子的空间宽阔而安全，能让孩子在里面自由地跑跳的话，孩子就能通过各种体验找到最适合自己的方法。虽然孩子偶尔会因为好奇心走神，但是最终会回到自己的位置上来。虽然已经说过了，但我在此还要强调一下：孩子远比长辈想象中的要聪明。

给父母的话

孩子自己领悟之后，会走得更远

孩子迫切地提出某种要求时，父母不要无视它，而应该和孩子一起去完成。比起孩子自己偷偷地去实施某项活动，不如父母和孩子一起体验更好，在这个过程中，孩子可以自行判断自己的行为到底是对还是错。父母不要对孩子强调社会上已经形成的对错标准，而是要让孩子通过各种体验，自己去一点点地领悟，这对于孩子来讲才是最好的选择。而父母只需要用称赞来引导孩子，在过程中提高孩子的自信心即可。如果你一味地说不许做，那么孩子的好奇心会更强，他可能会说谎或背着你偷偷地去做。孩子在罪恶感中长大也不可能成长为堂堂正正的人。

父母的期望值越高，孩子就变得越不自信
——学着称赞萎靡不振的孩子

期末考试刚一结束，初中一年级的宝英就被妈妈强拉着来到了咨询室。

“宝英，你好，现在不是中学期末考试期间吗？”

“今天考试就都结束了。”

“原来考试刚一结束就来咨询室了呀？好像这时候一般都会和朋友商量去哪里玩才是。”

“应该是那样，但是很难跟我妈妈讲通的。”

“那你这么急着来咨询室有什么需要帮助的吗？”

“成绩总是提不上去。特别是数学成绩，简直一塌糊涂。”

“别的科目都还不错吧？”

“也就那样吧。”

“中学的考试和小学的有很大不同吧？因为要求的学习方法也不太一样，考试难度突然间就上来了。你现在可能是还没有完全适应。”

“现在好不容易熬过了期中和期末两场考试，感觉人生就像要结束了一样，心力交瘁。”

宝英因为考试刚一结束就被妈妈强拉来咨询室，所以对妈妈非常不满。而妈妈也因为不满意女儿的学习成绩大发雷霆。

“宝英妈妈，今天期末考试才结束，宝英就乖乖地和您来咨询室了？”

“不来又能怎么样，这一切都是她自己造成的。”

“宝英到底做了什么事？”

“考试考得一塌糊涂，就算有十张嘴都不知道该说她什么好。因此我就和她来这儿了。”

“现在像宝英这样听话的女儿很少见了。”

“我们在考试前就已经约好了，只要成绩不好就要和我一起来咨询室。”

“宝英妈妈，现在初中的考试好像也不是很容易？”

“小学四年级的成绩就可能左右一生……”

“您特别担心女儿哪一点呢？您看起来很着急的样子。”

“她的数学很不好。又不是其他的科目，数学不好的话怎么参加高考？”

宝英刚刚上初中一年级，妈妈就已经开始担心起她的高考来，甚至都开始以高考的标准来看待宝英稍有不足的数学成绩了。

“宝英不喜欢数学吗？”

“她上小学的时候在家附近的辅导班上课，那时成绩还可以。我想等她上初中以后，就给她换到一个好一点儿的补习班，谁知道她……气得我说不出话来。”

“在补习班发生什么事了？”

“根本就没有合适她的班级，因为她入班考试没有通过。我是感觉既生气又丢人。接待我的女职员说这所学校原来就是只接收那些成绩好的学生的。”

“那你把宝英送到其他补习班了吗？”

“没有。为了争口气，我决心努力监督女儿学习6个月，让她在寒假的时候能够进到那个补习班。”

“宝英也希望如此吗？”

“不是的。学习不好，连愿意接收她的补习班都没有，她还有什么话好说。”

从那天开始，宝英加入了有很多名师的网络学校，成为了那里的全年会员。

“网络授课，因为没有强制性，要是没有强大意志力的话，学习起来是很吃力的。宝英能够一直坚持跟着学习吗？”

“我就知道她会那样。期中考试没考好的时候，我就在想，这可能因为是初次考试的原因。但是没想到她期末又考成这样。”

“那您现在有什么计划呢？”

“现在感觉眼前一片漆黑，实在不知道该怎么做，所以就来这里了。”

无论宝英妈妈怎么郁闷，也不能代替宝英去学习。宝英的意愿才是最重要的。因此我决定听一听宝英的想法。

“宝英啊，你的妈妈现在很担心你的数学成绩。”

“是的，我知道。”

“那宝英是怎么想的，你喜欢现在的学习方式吗？”

“不喜欢。”

“那你能和我具体说说到底不喜欢哪儿吗？”

“网络授课很不适合我。有了不懂的地方也不能当场就提问，必须得进留言室留言，等上一段时间才能看到答案。我到底要等到什么时候呢？因为实在太烦了，我就不提问了，有不懂的地方也就那么放着。渐渐地不懂的地方变得越来越多了。”

“那你一直坚持听课吗？”

“没有。起初的时候还是挺认真的，但渐渐地我就开始讨厌听课了。”

“那你又是怎么做的呢？”

“妈妈总是不停地对我唠叨‘课程挺贵的，你要认真听’，我听得都烦了。就彻底不想听课，干别的事去了。”

“那宝英想要的学习方式是什么样的？”

“我要是能像其他同学一样在补习班里上课就好了，有小组学习的那种补习班。那样我一有不懂的地方就可以立刻提问。”

“既然宝英是这样想的，那你和妈妈说过吗？”

“我妈妈一直想着寒假时再次把我送进那所没去成的学校，但我是绝对去不了那所学校的。”

“为什么会这样想呢？”

“科高（科学高等学校）这样的学校，我们整个学校能去的学生也屈指可数。”

“那为什么妈妈一定要送宝英去那所学校呢？”

“这不是很明显吗？因为上那所学校的学生成绩都很好，所以妈妈错以为只要我去了那所学校，也会学习好。”

“原来宝英一开始就没有想去那所学校的念头啊。但是为什么还参加入班考试了呢？”

“如果不去参加妈妈会很生气。那所学校并不是数学教得好的学校，而是数学学得好的学生去上的学校。”

宝英从一开始就完全没有想过要去妈妈希望她进的那所学校。对她来讲，普通的补习班才是最适合她的。宝英从朋友那里知道有几所学校还不错，很想去，但是妈妈丝毫不关心宝英的想法。宝英就这样顺从妈妈的意思，以不适合自己的学习方法度过了整整一个学期，成绩也持续下滑。

因父母期望值过高而变得萎靡不振的孩子

锦威是一名初中二年级的男生，成绩在班里属上等，人缘也不错，可以说是一名模范学生。小学的时候锦威学习特别好，所以父母理所当然地认为上了中学以后锦威学习依旧会很好。入学后第一次考试锦威考了年级第七名，一个不错的名次。按照一般的标准来看，锦威的成绩分明属于优等，但是他的父母却有着不同的标准：没有考进前三名，就不是好学生。

从那时候开始，锦威爸爸就对锦威进行了特别的管理。因为他认为在现在的社会，即使毕业于名牌大学也未必能找到一个满意的工作，何况以儿子目前的成绩想要到首尔的学校上学都很费劲儿。于是爸爸以自己的经历作为参考，为锦威制订了运动计划和学习计划，并且命令他必须遵照去做。因为锦威知道，计划是爸爸为了自己好而在百忙之中抽空制订的，所以他也尽可能按照计划去做。但是时间一长，锦威逐渐意识到按照计划行事并不是一件容易的事。

爸爸每天下班一到家，最先做的事就是到儿子的房间里去确认他是否按照计划完成了当天的学习任务，如果哪一部分没完成好，爸爸就会一一指出来。渐渐地，一到爸爸下班的时间，锦威就感到很害怕，因为过于不安，什么也干不了，只是一直看表。不能完成学习计划的日子一天天多了起来，爸爸发火的次数也随之越来越多，甚至有时候还会体罚锦威。

锦威开始变得爱咬手指，成绩也一点儿一点儿在下滑。最终在初三开学前夕，父母由于束手无策而带着锦威来到了咨询室。

“锦威，校园生活有意思吗？”

“是的。”

“男孩子在学校一般都玩些什么？”

“有时踢足球，有时打篮球。”

聊起和朋友在一起度过的时光，锦威表情很明朗。但是当我提到他的家人时，他就咬起了手指。

“我感觉锦威突然间好像变得有些不安，对吗？”

“对。”

“家里有人让你感到很不舒服吗？”

“爸爸让我感觉很紧张。无论我怎么努力，都不能做到爸爸期待中的那样。结果只能成为令爸爸失望的儿子。”

“原来锦威也不想让爸爸失望呀。”

“是的。但无论我怎么努力，某些地方还是做得不够好。”

“你这么努力，却总是受到爸爸指责，一定有些泄气、伤心吧？”

“是的。我总想着成绩上不去可怎么是好。越是担心，越是不安，学习成绩就越上不去。”

即使是小学时学习成绩不错的孩子，到了中学之后，由于环境陌生、学习量增加的原因，也会变得疲惫不堪。这时父母如果再给孩子高强度的压迫，只会加重孩子不安的情绪。这种状态之下，孩子会变得自由散漫，注意力也很难集中，之后便总担心考试失败。在只会指责自己不足的爸爸面前，孩子只能变得像个罪人一样。锦威就是如此，在爸爸面前变得越来越渺小。

“锦威和现在很多孩子都不太一样，非常稳重，也很有想法，懂得关心他人。真是一个不错的孩子，您教育得很好。”

“虽然我这样说有些不好意思，但锦威真的是个诚实懂事的孩子。除了学习没有让我们操心过任何事情。”

“要是锦威能够听到您这样说就好了。因为他特别想听到爸爸的表扬。

您这样对他说过吗？”

“没有，那种话怎么好意思说出口。”

“您知道锦威为了不让您失望有多努力吗？比起任何人来，他更希望获得您的肯定。现在他正因为怕让您失望，而处在极大的不安中，甚至连上课都不能集中精力。”

“……”

锦威爸爸沉默了。

“现在对锦威来讲，非常需要家人特别是爸爸的支持与鼓励。比起训斥和指出他的不足，请多称赞他做得好的地方。也不要总强制性地命令孩子做什么，要多听听孩子的想法。关心儿子，相信儿子，给他充分的时间，他是绝对不会让您失望的。”

“我的孩子身上有很多值得称赞的地方，但是我总认为那是理所当然的。眼睛总是只能看到他做得不好的地方，然后就对他发脾气。我总认为只有这样做，他才能成长得更好。”

称赞的力量无可比拟

孩子只有情绪稳定，才能集中精力学习，成绩才会提升。为了锦威情绪的稳定，爸爸应该改变一下自己的态度。孩子做得好的地方要多称赞他；做得不足的地方要相信孩子能够自己找到改善方法，而不是一味地指责他、训斥他。在孩子实现目标的过程中要不断地表扬他、肯定他。强迫孩子按照自己单方面制订的学习计划去做，很难有效果。应该让锦威按照自己的想法制订一个能够逐步达成目标的计划。

锦威决定重新制订一份计划表，调整了学习量，也树立了明确的目标。在爸爸下班前，妈妈提前把锦威做得不错的事情用短信向丈夫一一报告，然后爸爸回来之后把锦威叫过去称赞了一番。虽然表扬中学生的儿子对于爸爸来讲有些尴尬，但爸爸还是努力在做。

事实上，爸爸在锦威很小的时候也经常称赞儿子。但是随着儿子慢慢变大，因为担心孩子不能养成好习惯，又想让他成长成一个堂堂正正的男子汉，于是就不再对儿子说那些表扬的话了。儿子表现得令自己满意时，也只在心里默默地说道："真不愧是我的儿子。"为了孩子能够变得更强大，就更加严格地对他，甚至会体罚。但是，锦威看到每天都生气的爸爸，只会认为自己做得不够好，甚至产生了自卑感。

从小学五六年级起，锦威就没被爸爸表扬过了，所以现在乍一听见爸爸表扬自己，锦威也觉得有些尴尬。但是时间一长，爸爸把称赞当成习惯之后，锦威觉得自己必须更加努力把自己优秀的一面展现给爸爸看才行。以前如果儿子哪些地方没有做好，锦威爸爸会对妻子发脾气，现在家庭变得和睦了很多。夫妻两个关系好转的同时，家里的笑声也多了起来。爸爸有时会给予孩子一个温暖的拥抱，有时会在回家的途中给家人买一个蛋糕。

现在锦威变得有些期待爸爸下班时间快些到来了。而在不久前只要快到爸爸下班的时间，锦威就很不安，甚至开始咬自己的手指。现在锦威可以从容地等待爸爸下班了。其实爸爸的心从未改变过，从过去到现在一直都爱着锦威。只是现在把爱儿子的心意表达出来了。爸爸的称赞和鼓励让锦威的长处变得更加明显，也让他的情绪更稳定，所以他能够把所有的精力都集中在学业上。

给父母的话

长处和短处就像硬币的正反面

我们也常常像锦威父母那样，总是忽略孩子做得好的地方，专门指出孩子的不足，以为这样做才是对孩子好。我们需要重新审视一下到底有没有必要非得这样做。无论哪个孩子一定都会有自己的长处和短处。很多时候长处就代表了一个人的全部。但由于看问题角度的不同，长处也可能变成短处。举例来说，一个爱运动的孩子，可能有人会说他自由散漫，不爱学习，也有人会说他精力充沛，身心健康。看问题角度不同，对孩子的评价也会不同。孩子的某一行为，有可能被认为是一种错误举动，也有可能被认为是孩子的长处。因此请发现孩子的长处，然后练习如何称赞他们吧！

读懂孩子的行为
——用爱沟通，敲开孩子的心扉

丽娜是一名小学五年级的学生，由于不似同龄人那样活泼聪慧，因此常常令父母担心。但她却是一个能够理解他人、关爱他人的善良的孩子。

在上小学低年级的时候，丽娜和朋友们很合得来，学校生活过得有滋有味。但是，随着年龄的增长，丽娜变得不能和朋友很好地相处。班级里没有一个人愿意倾听丽娜说话。所以丽娜经常是孤单一人。

到了小学高年级的时候，丽娜的父母越来越担心她。因为丽娜开始做出一些年幼孩子才有的幼稚举动。当丽娜做出一些和她年龄不相符的幼稚举动时，父母就会冲她发火。出于担心，父母会指责丽娜的行为，帮丽娜做正确的判断，一味地向丽娜强调哪些举动才是正确的、有意义的。渐渐地，丽娜变得少言寡语，内心的秘密也日渐增多。

不知道从什么时候起，在丽娜的书包里出现了几个扁平的一次性纸杯。妈妈第一次无意中看见丽娜书包里皱皱巴巴的纸杯时，心里有点儿不舒服，于是提着书包进到房间质问丽娜。当妈妈知道这些纸杯是丽娜从学校拿回来的时候，她冲丽娜发了火，因为丽娜随便拿了学校的公物。妈妈严厉告诫丽娜以后不许拿学校的公物。这之后的一段时间，妈妈再也没有从丽娜的书包里发现纸杯。但是某一天，妈妈突然又在家里不起眼的角落里发现了褶皱的纸杯。从此之后，丽娜不停地藏起纸杯，妈妈不停地找出纸杯，两个人持续着这种像捉迷藏一样的游戏。

“我真不知道丽娜为什么把脏乱的纸杯放到书包里去上学，告诉她不要那么做，她也置若罔闻，我也不能一直训斥她，但是也不能一直放任不管，真的很上火。”

丽娜的妈妈无奈地诉着苦。

“你问过丽娜这样做的理由吗？她明明知道这样做会遭到母亲的责备，却还一直带着纸杯上学，一定有她的理由。”

丽娜的妈妈听到这，眼睛闪过一道亮光。

“我就是没缘由地感到难过，从来没有直接问过丽娜的想法。因为随便拿走别人的东西是不对的，所以就一直批评她不要那么做。”

孩子所有的行为都有他们自己的理由

“丽娜啊，你为什么总是把几个纸杯放到书包里，这样做好像有一些难言之隐，你能告诉我吗？”

“我想喝水，但总是没有纸杯。”

丽娜在学校的时候，因为在学校走廊的饮水机旁边没有纸杯，所以经常口渴难耐。有一天，她要去喝水的时候，看见放在饮水机旁边的纸杯被几个男同学随意拿出来，扔来扔去地相互打闹，所以她就没有纸杯喝水了。从那天以后，丽娜为了下次口渴时能顺利喝到水，就开始自己提前准备几个纸杯。

一天中，总有很多个课间十分钟的休息时间。这对于一些有朋友的同学来说，是一段很短的时间，因为他们三三两两地聚在一起，有说有笑，时间过得很快。而对于没人理睬的丽娜来说，这课间的十分钟就过得格外漫长。所以每到课间休息时，丽娜总是去饮水机那儿排队，喝一杯水，再回到教室。因此对于丽娜来说，几个扁纸杯就是必需品。因为每天都会有好几个课间休息时间，这段时间丽娜就会走到饮水机前排队喝水，然后再回教室。没有人知道丽娜在课间休息时都做了什么，也没有人关心丽娜。

“丽娜啊，对不起，妈妈竟然都不知道这些事情，还对你发火。”

被妈妈责骂，纸杯被妈妈没收，女儿一直处于这种艰难的境地。妈妈知道这些真相之后，很长一段时间内哽咽无语。因为妈妈没有询问女儿这么做的理由，还一味地责备她，此刻，妈妈对自己的行为深感抱歉，并向女儿真心地致歉。

“丽娜啊，以后我们应该怎么对待纸杯呢？”

“专门准备一个喝水的杯子就可以了。可以从家里带个水杯去学校，这样喝水就更方便了。”

丽娜找到了解决办法，脸上露出了灿烂的笑容。妈妈看着丽娜，脸上也露出了满意的笑容。而且，妈妈还向丽娜保证，做一个关心女儿内心想法的好妈妈。以前妈妈出于担忧，总是过分关注女儿的不足之处，因此总感到不安，甚至有时会讨厌女儿。虽然说成为一个询问女儿内心想法的妈妈，不是一件容易的事情，但是，丽娜妈妈仍决定要努力成为这样的妈妈。

丽娜给了大人一个很好的启示。她告诉我们，孩子所有的行为都有他们自己的理由，我们要信任并等待孩子自己找到答案。在丽娜的有生之年，也许还会遇到各种各样的困难，但是如果身边有这样的家人，能够直接询问丽娜的想法，给丽娜时间，耐心地等待并帮助丽娜找到解决困难的方法，相信丽娜一定会更健康地成长。

大人一般只关心孩子做事的结果。如果这个结果不是大人所期望的，那么大人就会认为这是错误的行为，会直接批评孩子。大人并不会想孩子做事的理由，更不会直接询问孩子为什么那么做。很多时候，孩子做事的理由都会被当作借口或者顶嘴。不要一直追问“为什么现在的孩子没有自己的想法”，让我们试着去这样问：“你的想法是什么？我很好奇，你能告诉我吗？”

因没有人能听懂自己的话而郁闷的孩子

小熙是一个天生有听觉障碍的 7 岁女孩。在她 4 岁的时候，父母为她安排做了人工耳蜗移植手术，希望她能够通过戴上助听器而听见声音，但结果令人失望，小熙仍听不到任何声音。小熙在全家人的关心爱护下慢慢地长大了。因为不能用语言和家人交流，困难也渐渐地浮出水面来。家人无论如何努力都猜不出小熙的想法，因此很郁闷。小熙自己也很难过。每当想法不能被理解时，小熙就会发脾气。小熙虽然用手语或者声音来表达自己的想法，但是仍然没有人能理解她，她变得总爱哭闹，甚至随便摔东西。

来到咨询室的小熙面无表情，却用眼睛四处打量着这个陌生的地方。小熙的面无表情也许是因为对陌生场所或者陌生人的恐惧造成的。我把所有的注意力，全都放在了小熙身上，仔细观察她视线停留之处，还有她表情的微小变化。我在小熙感到舒服的视线位置和她相对而坐，仔细观察她的眼神。小熙的眼神很明确地表达着她的想法。从她的眼神里，我读到了她想做什么，不想做什么，想要什么，想做游戏等想法和感情。我猜到小熙的想法后，再用文字写出来确认。这样反复进行了几次后，我们之间建立了信任。我把小熙想要的东西整理后再问她时，她开心地笑着点了头。

小熙像打小报告似的讲起她在幼儿园的时候，朋友们是怎么对待她的。有的人掐她的脸，有的人推挤她。这种“小报告”已经成了我和小熙之间一种特别的关系纽带。小熙认为我和她是一个战线的。“你们这些臭小子，我得教训你们一下了！”我这样大声喊着，并做出生气的表情。小熙好像觉得很有意思，然后就开心地哈哈大笑起来。

有一天，小熙摸着肚子，做出疼痛的表情。“肚子疼吗？”我担心地问她，她回答我：“疼。”这是我第一次听到小熙说话的声音。从那天开始，我们就开始了医院游戏。小熙假装是患者，把自己的眼睛、鼻子、嘴巴、脚，甚至是肚脐，都贴上了“疼”的标签，我们用此来做问答游戏。不管是哪个地方疼，我们都会贴上很显眼的创可贴。贴上创可贴后，我就会问：

“哪儿疼啊？”小熙就会很认真地发出声音。当把创可贴撕掉后，我就会问：“哪个地方不舒服啊？”小熙就再次回答我。小熙全神贯注于发声练习，自己也非常高兴，渐渐地变得开朗起来。虽然小熙能够准确发音的单词不多，但是她有了对方理解自己的感觉后，就有了去和他人沟通的欲望。现在对于不能理解自己想法的人，就不会感到那么厌烦，也不会随意摔东西了。

想要和小熙分享世间点点滴滴的乐趣，首先就要学会倾听小熙的声音。只有先询问小熙需要什么，才能满足她的需要。为了能做到这样，我们需要格外打起精神，充满热情地和她交流。当我们和有困难的人交流的时候，不仅要注意语言，还要通过对方的整个肢体动作，去准确地判断对方所要表达的意思。只有我们真心地去关爱对方，才能做到充分调动各个感官去倾听对方。

有听力障碍的小熙为了和这个世界沟通，正在认真地做着发声练习。但是拥有健康听力的我们，又如何呢？对孩子不满意时，就会马上责备他们或者干脆放任不管。长此以往，孩子就不愿意和父母对话，此时父母就会火冒三丈，而越是这样，孩子越三缄其口，甚至紧闭心门。如果父母想让孩子说出自己的想法，就先要打开孩子的心门。

给父母的话

父母一定要有一把打开孩子心门的钥匙

从现在开始，父母要倾听孩子，试着站在孩子的角度想问题。而且，父母要努力去理解孩子说话的核心内容，并和孩子展开对话。父母不仅仅要倾听孩子，还要仔细观察孩子说话时的表情、手势、眼神等。即使不说话的时候，也要学会去牵孩子的手，拥抱孩子。父母应该试着精心准备一下孩子喜欢的零食，也试着多给孩子一些时间。父母和孩子对话，并不是和孩子面对面地坐着互相聊天就可以了。通过对话了解彼此的心意和想法，才是真正的对话，或者说是沟通。父母要尽可能地少说，让孩子多表达。父母不要为了阐述自认为正确的观点，而去打断孩子的话，因为那会使孩子关上心门。

孩子也是有自尊心的
——给“坏孩子”开处方

“就是感觉没法呼吸……”

这是中学生慧娜离家出走和逃课的原因。在我还没有发问之前，慧娜就像犯人接受警察调查一样，把所有的话全都吐露了出来。虽然她说了原因，但也只是一带而过。而且强烈地表达出了不愿意再接着说下去的意愿。

听惯了指责和训斥的孩子认为所有成年人都是一样的。即使面对的成年人是陌生人，孩子也觉得对方会教育和训诫自己。特别是像慧娜这样不是自愿，而是被迫来到咨询室的孩子，更会有这种反应。

这次咨询其实也是对慧娜惩戒的一种方式。在这之前慧娜已经被学校老师找去谈了好几次话了。我想慧娜的行为，一定是严重违背学校的规定，才有了今天的这次谈话。因为学校老师针对慧娜已经达成了某种共识，所以他们与慧娜的谈话并不能让慧娜敞开心扉。我决定换一种方式，以朋友的心态和她展开对话。

“慧娜的脸上分明写着：‘差不多得了，快点儿结束吧。’所以我猜测不是你自己想来的，而是被强拉来的。”

“哪有人没事想接受谈话呀？还不如去参加志愿者服务活动呢。外面还有人在等我，我得赶紧去。”

“老师在咨询室见到如此美丽的慧娜，心情都变得好起来了。慧娜课余时间一般都做些什么呀？”

“照镜子。只要一照镜子我就什么都不想了。”

慧娜来回摸着自己的裙子和头发说道。

“慧娜的发质看起来特别好，有没有什么特别的秘诀？能告诉我吗？”

“没有什么特殊的方法……”

说完，慧娜嘴角浮现出了一抹不易察觉的微笑。可能是原本担心会挨很长时间的训斥，但现在看起来好像不是预想的那样，她稍有一些安心的样子。

“我可以先给朋友发一个短信吗？”

慧娜很有礼貌地向我征求意见。慧娜发完短信对我说：“我已经让同学先去了，所以我们可以再多谈一会儿。”

然后慧娜开始向我讲述了她的事情。

不愿面对破碎的家庭，宁愿把自己变成“坏孩子”

“父母在我很小的时候就离婚了，我的爸爸是那种对家庭完全没有责任感的人。妈妈为此吃了不少苦。但是现在爸爸对我们更不好了，经常打骂我，也冲妈妈大喊大叫。”

“看到妈妈这样受苦，你一定很心疼。有时也会憎恨爸爸让妈妈这么累吧？”

“我真的很讨厌我的爸爸。每天看到妈妈那样，我又觉得很抱歉。”

“不管怎样，因为慧娜的关系，妈妈多少还是得到一些安慰。”

“我根本就不会给妈妈带来安慰，只会让她担心罢了。”

慧娜讨厌只会让妈妈担心却无能的自己，也讨厌总是受伤的妈妈，所以很多时候都不愿意回家。

“那你不回家，一般都去哪里呀？”

“在这个朋友家住两天，那个朋友家住两天。来回看人脸色呗。”

“好像朋友的妈妈也不是很喜欢慧娜？”

“这是肯定的。因此我总在街上瞎转，直到半夜才回家。”

慧娜躲避着长辈偷偷地和同学们来往，每一天都在街上徘徊到很晚才回家。

“女学生那么晚还在街上来回走的话不是很危险吗？”

“危险？能发生什么事？是指男人吗？”

“是的。会碰到一些坏男生。”

“我的朋友们也是该经历的都经历了，没有什么可害怕的。”

“什么叫作该经历的都经历了，能和我具体说一下吗？”

“抽烟，交男朋友。不是那种中学生意义上的纯真的友谊关系。”

“我不知为什么，隐约从慧娜的话中听到了‘那时我不应该那样做，现在有些后悔’。是吗？”

“是的，您说得对。现在我不再做那种事情了，也把烟戒了。”

“通常来讲，戒烟并不是一件容易的事，看来慧娜有强大的意志力。那慧娜是怎样下定决心这样做的呢？”

“爸爸每天都发神经，妈妈每天都瞎忙活，因为讨厌他们这种样子，所以我离家出走了……”

“然后呢？”

“离开家之后我才发现我的妈妈实在太可怜了。”

“原来是意识到妈妈伤心了呀。”

“因为妈妈没有沾到丈夫的光，也没有享到女儿的福。”

“妈妈却认为有一个憎恨自己的女儿。”

“您说谁？”

“我面前不就有一个吗？”

“我不是那种女儿。事实上……我真的很爱我的妈妈。因为她实在太可怜了。以后我一定要让她生活得无忧无虑。”

慧娜暂时低下了头，好像在强忍着哭泣。我拍了拍她的肩膀，握住了她的手，告诉她不要太抱歉，事实上她的想法妈妈都知道。

“那她是怎样知道的呢？我每天只知道朝她发脾气。”

“母亲可以看到女儿的真心。”

“怎样看到？”

“就如同当你还在妈妈肚子里的时候，妈妈靠脐带给你输送养分一样，在你出生后，妈妈会在精神上与你相通。因此，或许别人不了解你，但你的妈妈一定是明白你的真心的。也正因为这样，你的母亲可能会更痛苦。”

“为什么呢？”

“明明知道女儿为什么这么伤心，却束手无策。你说她得有多么痛苦。”

“这些我也懂，因此我准备重新振作精神了。”

慧娜害羞地笑着说道，眼睛还一眨一眨的，看起来像是下了很大决心。听完慧娜的决心之后，我问了慧娜今天为什么会来接受咨询。

揭开不愿让人看见的伤疤

“我顶撞了老师，于是逃课了。”

“刚刚下了决心就发生了这样的事情，你一定很伤心。你能和我说说为什么要顶撞老师吗？”

“学校里不是总有一些抽烟、逃课让老师头疼的学生吗？”

“那些学生怎么了？”

“我也是其中的一员。只要我们聚在一起，老师就批评我们。老师真的很生气的样子。”

“你是说只要你们聚在一起，老师就生气？你们一定很难理解老师为什么要那么做。”

“对呀，因此我们就顶撞了老师。最后……”

慧娜开始有些哽咽得说不出话了。一会儿之后，一直在眼眶里打转的眼泪还是流了下来。

“‘你母亲一个人抚养你容易吗？你觉得这样做对吗？’老师冲我高声喊道。”

“朋友都在身边，老师却说出这样的话，你一定有点儿不知所措了吧？”

“这是我心里最深的伤口，我一直都小心翼翼地隐藏着，所以当时我既生气又觉得丢脸。因为有些朋友还不知道这件事情。”

心灵深处的伤疤突然被老师在朋友面前揭开，慧娜只想快些离开。于是慧娜逃课了，整日在街上漫无目的地溜达，不想去学校。因为无故离校和旷课，再加上以前扣的分数，慧娜受到了警告。

“就算那样，我还是托老师的福才见到了漂亮的慧娜。”

为了缓和气氛，我笑着向慧娜开了个玩笑。

“这么看来警告也不全是坏事，还能见到老师您，聊了很多我想说的话。和老师聊完之后，心情变得好了很多。”

“真是一场愉快的对话，但是我其实也没说什么。”

换一种方式，以“关心”取代“监视”

开始咨询的时候，慧娜什么都不愿意说，最后却把藏在心底的话全都倾诉了出来。家庭的伤痛导致的彷徨期现在已经过去，慧娜决定一切从头开始。因为比起任何人来，她更想成为一个令妈妈喜欢的女儿。

“虽然老师与慧娜只相处了很短的时间，但是老师很期待看到未来的慧娜会变成什么样。”

“不是有这么一句话嘛，‘期望越大，失望越大’。”

“但我相信慧娜一定会变得更好。”

“学校的老师要是也像您一样相信我就好了。”

“只是大家不知道慧娜有改变的想法罢了。要不慧娜先把自己转变的一面展现给他们看，会怎样呢？”

“我也是这样想的，所以这次期末考试我一定要好好考。”

“你想用成绩来证明自己的想法真的是太酷了！那慧娜有具体的计划吗？”

“所有科目的成绩都提高还是很困难的，因为英语和数学不可能一下子就学好。所以我准备在语文和社会上多下一些功夫。原本我就很擅长语文的。”

“我还在想怎么慧娜说起话来如此有条理，原来是这样啊。语文能够学得很好，其他科目也是有可能学好的。努力看看吧。”

“最少也能一下子提高两门功课的分数。”

慧娜决定不再向不信任自己的老师发火了，并且保证要把自己改变之后的样子呈现在所有人面前。但接下来慧娜的提问很值得我们深思。

“老师，长辈们为什么会这样？”

“原来慧娜有想对长辈说的话呀。能和我说一说吗？”

“要是他们不监视我们，多给我们一些关怀的话，该有多好！”

“可能因为总受到尖锐的批评，慧娜把所有的长辈都看成一样的了。”

“老师一有空就会到教室里确认一下我是否还在。这不就是监视嘛。”

“原来是有了被监视的感觉，所以连带心情也不好了呀。”

“就算是监视也不要做得那么明显呀。”

“老师怎样做慧娜才不会有一种被监视的感觉呢？”

“说话的语气温柔一些，不要一进门就抬头四处张望地问‘慧娜在吗’，而是用温暖的目光看向我就好了。”

“原来慧娜是想要得到老师温暖的鼓励呀。事实上，老师的心意就是这样的，只是表达得稍微有些生硬罢了。”

“您是怎么知道的？”

“因为在见慧娜之前，我就已经先见过了学校咨询室的老师和慧娜的班主任。他们说对慧娜有很大的期待，我可以感觉得到他们很信任你。”

学校为了不让学生翻墙而出，周围用很高的铁丝网围起来，并且随时监视有没有学生逃课。老师以为只要监控好学生，就能保证他们安全地待在围墙内，但事实上孩子特别希望老师能够听到他们内心真正的声音。那就是以关心取代监视。特别是那些内心深处有着伤口却假装坚强的孩子，老师更应该听一下他们的心声，应该多给这些孩子一些关怀，不要伤害孩子的自尊心。在家庭或者学校受过伤害的孩子，一旦冲破了长辈们制造的围墙，很可能就再也不会回到家庭或者学校中了。

给父母的话

孩子的自尊心更强

成年人中有一些人把自尊心看得比生命还重要。但是他们中很多人不懂得孩子也是有自尊心的。虽然孩子的人格还没有完全形成，但是可以肯定的一点是，他们也是有自尊心的。而且有些时候，孩子的自尊心比大人还要强。

慧娜因为老师在朋友面前揭自己的伤疤，以及不信任自己而时刻监视自己，感觉自尊心受到了极大的伤害，也由此引发了一系列的问题。慧娜本性并不坏，但是因为自尊心受到了伤害，就用逃课等不好的方式来发泄。请铭记，对于正处在敏感时期的孩子来讲，一旦自尊心受伤，是很难恢复的。

成功源于自信

——激发沮丧孩子活力的游戏

钟民的妈妈看起来很生气。一旁坐着的四年级男生钟民，看见妈妈的脸色，也变得坐立不安起来。

即使是在第一次见到的咨询师面前，钟民的妈妈也丝毫不在意自己的表情，阴沉着脸。

“钟民妈妈，您是觉得哪里不舒服吗？脸色看起来不是很好。”

“只要一想到钟民，我就会觉得胸口闷闷的。”

“钟民身上哪些地方让您觉得很不舒服呢？”

“钟民身上一个让人满意的地方都没有，即使擦亮眼睛仔细看仍然找不到一个让人觉得不错的地方。”

“您能再具体说一说吗？”

“他动作缓慢，做作业要花很长的时间。如果你看他解数学题的话，你的肺会被气炸的。连小学二年级的学生也不如。真是的！”

“您是因为钟民不仅行动迟缓，做作业也很慢才感觉很郁闷，对吗？”

“是的。要是他再这么下去的话，我迟早会被气病的。”

“那么，钟民的弟弟怎么样？”

“那个孩子没有什么可说的，任何事情自己都能做得很好。”

过去有这么一句话：“十个手指，咬每一个都会觉得痛。”意思是说，即使有很多孩子，但每一个都会觉得很珍贵。但现实中种种例子表明：“虽然十个手指咬每一个都会痛，但是有一个会让人更痛一些。”可能这句话更贴切一些。

虽然每一个来到咨询室的父母都说自己的孩子很宝贵，但是他们也坦白地承认了会更加偏爱其中的一个。虽然有这种想法也是身不由己，但是孩子意识到之后会受到莫大的伤害。特别是当偏爱的原因和学习相关的时候，伤害会更大。钟民也是如此。比起钟民来，弟弟钟宇很聪明，学习成绩又好，所以父母很偏爱弟弟，钟民因此受到了很大伤害。

因被比较而失去自信的孩子

“钟民很会看老师的眼色嘛。有句话说得好，在学校里一般会看老师眼色的孩子学习总是不错的。”

“这句话不准确。我学习并不好。”

“钟民现在才四年级，以后学习的道路还很长。”

“我不行的。”

“为什么要这么说？”

“我妈妈就经常这样说我。还说我脑子不好使。”

“妈妈直接这么对你说的吗？”

“不是的。是她和爸爸说话的时候我听见的。”

“听到他们这么说的时候，你一定很伤心，现在没关系了吗？”

“他们每天都只对我发脾气……因为弟弟学习很好。”

钟民整日都被拿来与弟弟比较，于是成了妈妈发火的对象，就连他自己也开始讨厌起自己来。更为严重的是，他担心自己因为脑子不好使，以后学习也不会好。钟民说到这里，深深地叹了一口气。

“钟民也应该有自己喜欢并且擅长的事物吧？”

“我很擅长与科学相关的东西，特别是与植物和动物相关的知识，我知道很多。”

钟民能够针对动植物进行十分详细的说明。说起自己感兴趣的昆虫来，钟民尤其自信。

“哇！钟民简直就是一个昆虫学博士！”

“但这又有什么用呢？考试也不考这个。”

“只要钟民一直保持对昆虫的热情和兴趣，说不好以后真的可能成为昆虫学家，像法布尔那样。”

“就算那样我也成不了博士。”

“为什么你会这样想？”

“我妈妈总是这样对我说，‘你数学这么不好，连大学也考不上’。连大学都上不了，又如何能够成为博士呢？”

钟民从很小的时候起就经历了太多挫折，使他产生挫败感的都是他最亲近的家人。我们中的很多人也是如此，在这个人情冷漠的社会，比起其他人来，我们是最应该给予家人力量的人。但在他们受挫失败的时候，我们不但没有拥抱他们，反而成了伤害他们最深的人。结果他们只能意志消沉，萎靡不振。钟民因为总被拿来与弟弟相比较，所以变得越来越没有自信，甚至开始讨厌起弟弟来。因此钟民一个人待在房间的时间远远要比和家人待在客厅的时间长。

屡次失败让人变得沮丧

“钟民今天有没有什么想和老师一起做的事情？”

“想和您一起玩游戏，也想知道有没有什么能够使学习变好的方法。”

钟民不同的学科成绩差异很大。因为喜欢语文课，语文成绩很好，但对数学，特别是对算术题却有着一种特别的恐惧。为了克服钟民的挫败感，我建议让钟民先从容易的阶段下手，不停地累积成功的经验后，他就会对数学重新定义。为了达到这个目的，父母不能再做任何让钟民感到挫败和自卑的事情，包括偏爱弟弟及指责钟民。就算有了父母的支持与鼓励，摆在钟民面前的算术题也像一座无法逾越的高山，更何况父母总拿弟弟与其比较，然后责备他，使得钟民连跨越这座山的勇气也没有了。屡次的失败只能让钟民变得更加颓丧。

“钟民对昆虫很感兴趣，相关的书也看了不少。能够像个小博士一样说得头头是道。”

“他每天只知道看些没用的书，浪费时间。”

“钟民妈妈您是怕钟民因为看和昆虫相关的书籍而疏忽学习吗？”

“有哪个人因为对昆虫了解得多就考上大学的呢？”

“那您有没有了解过钟民到底对昆虫知道多少呢？”

“我为什么要关心那些没有用的东西，您赶紧让他把精力放在学习上吧。”

“钟民是从什么时候起不和家人待在客厅，只一个人待在屋子里的？”

“我想想看。他好像这样子已经很久了，具体的时间我也记不清楚了。”

“大概是从弟弟上了小学之后，您和爸爸经常夸弟弟数学成绩好开始的吧。”

“这又和他有什么关系呢？”

“因为称赞弟弟时总会带上一句‘哥哥连弟弟都不如’。从那时起钟民就开始排斥数学。因为一看到数学耳边就会响起父母说的‘哥哥连弟弟都不如’。”

“……”

钟民的妈妈沉默了片刻。

“坦白地说，小儿子钟宇更加令我满意。作为钟民妈妈出去时，我总感觉很丢脸，但钟宇上了小学之后，其他孩子的妈妈见到我后态度很不一样，说很希望孩子能和我们钟宇分到一个小组。比起钟民叫我妈妈来，我更希望听到钟宇叫我妈妈。因为从钟宇身上我才能体会到活着的意义，而钟民总令我操心，我甚至有些讨厌他。”

“如果钟民一直这样被拿来与弟弟作比较的话，是不可能学习好的。原本兄弟之间是彼此爱护、和睦相处的，但如果父母总称赞其中的一个，另一个听了心情会怎么样？现在钟民对于和学习相关的一切事物都没有什么兴趣，完全没有任何自信。”

“那我具体应该怎么做才好呢？”

“不要总拿钟民和钟宇来比较。应该多去听钟民讲讲他所关心的昆虫。还有，请多称赞一下钟民。表扬弟弟时，请不要在话尾带上钟民。为了让钟民不再在数学上遭受挫折，请适当降低学习的难度。如果他做四年级的数学题感到有些吃力的话，也可以先让他重温一下上一学年学过的数学定义。具体应该怎么做我听完钟民的想法之后，再作决定比较好。”

肯定孩子做出的努力

因为父母总是偏爱弟弟，钟民很伤心，甚至开始讨厌起弟弟来。这是通过对钟民的心理测试分析得出的。妈妈丝毫不关心钟民的想法，却愿意微笑着听弟弟讲话，这也让钟民很受伤。

但是钟民父母不知道偏爱弟弟给钟民带来了这么大的痛苦，还以为钟民话语减少，表情黯淡是因为学业负担造成的。于是他们开始送钟民上补习班，更加强调学习。这样一来，钟民的成绩不仅没有得到提升，反而下降得很快。

因为对动植物感兴趣，所以钟民广泛阅读了很多相关的书籍，但是对于这一点父母总认为是理所当然的，一次也没有称赞过钟民，还总是拿弟弟钟宇的数学运算能力和钟民来比较。孩子受挫了，因此根本没有办法拿出勇气，集中精力去学习。连三年级学过的数学定义都不能熟记，又如何去解四年级的数学计算题？所以，钟民在这种情况下越来越难受，越来越绝望。

“钟民，我们总是拿你与弟弟比较，指责你不如弟弟，对不起。”

“我们钟民读了那么多书，对于动植物的知识知道得那么多，却没能称赞你，对不起。”

“从现在起我会认真听钟民说话，不再拿你和弟弟比较了。”

生活中如果真心诚意地向对方承认错误并且道歉的话，是能够化解对方的怨恨并修复伤口的。但是大部分人对于给家人带来的伤害，从不道歉。虽然像钟民父母那样本意上并不想给孩子造成伤害，但是在拿兄弟两个比较的过程中，使钟民受到了伤害，所以还是应该道歉的。因为父母的道歉会拉近钟民与家人之间的距离。看到父母不断地努力和改变，钟民会逐渐恢复对家庭的爱。

短时间内，钟民的数学成绩是不会提高的。为了钟民能够重新巩固数学基础，父母需要称赞和鼓励他，成为他最稳固的后盾。以前总被拿来与弟弟比较而独自躲在房间里的钟民，慢慢也可以和家人在一起爽朗地大笑了。

钟民的痛苦不只存在于一个家庭。在有些家庭里，父母就算不拿兄弟姐妹相比较，也会拿别人家的孩子来和自己的孩子比较，然后就对自己的孩子进行指责。还有些父母虽然嘴上不说，但是眼神、表情、态度都会让孩子感到挫败感。父母应该在这一点上注意。一个在家里都得不到肯定的孩子，在外面又如何能够表现得信心十足？如果想让孩子乐观自信地成长，那么切记千万不要拿孩子去比较，这是很不明智的行为。要随时对孩子表现好的地方进行表扬，请成为这样的父母吧！

很难做出选择的孩子

穿着颜色鲜艳的鞋子、有些脏的白T恤来到咨询室的军秀是一名初中二年级的学生。上了中学以后，由于学习难度增加，军秀学习起来非常吃力。他每天只是呆呆地坐在教室里，根本听不懂老师所讲的内容。期中考试和期末考试之后，军秀被贴上了“全校最后一名”的标签。

从这以后，同学们开始叫军秀“笨蛋”，偶尔还会打他。起初，军秀有些不知所措，所以没有做出任何反击，时间一长就变得麻木了。开始还只是用手指戳戳军秀的同学，开始用力打他，慢慢地强度越来越大。还有一些同学用脚踹军秀以发泄心中的不快。军秀的白色T恤上，明显可以看出有一个运动鞋脚印。

那些欺负军秀的同学收到了学校惩戒暴力自治委员会发出的警告。同学们向军秀道了歉，并接受了相应的惩处。但是军秀心中的伤口并没有愈合。班主任老师提议让军秀到咨询室进行咨询。在军秀父母和他本人的同意下，咨询开始了。

“一放学就来到这里一定很饿吧，要不要先吃点儿零食？”

“好的。”

“那你喝什么饮料？果汁，冰茶，热可可？”

“……”

军秀因为不知道选择什么饮料，犹豫了片刻。

“为了庆祝我和军秀第一次见面，我们来玩一个游戏好吗？”

“好的。”

“那军秀想玩什么游戏呢？”

“……”

军秀还是很难做出选择。

能够体会到成就感的游戏

很多来到咨询室的青少年在面临选择时，总会变得有些不知所措。并不是什么很难的问题，只是让他们选择自己想吃的东西或者想玩的游戏，他们却犹豫不决。这是因为从他们很小的时候起，每次面临选择，都没有想过自己想要什么。他们认为没有必要为做出选择而苦恼，只要遵循父母的选择就可以了。慢慢地，他们“自己的想法”一点点消失了，取而代之的是“父母的想法”。军秀在家中听从父母的指示，在学校遵循老师的教导，从而觉得自己的想法根本不重要，反正也没有人关心自己在想什么。

随着咨询的进展，军秀慢慢地讲出了自己想要的东西：自己想要什么零食，喜欢做什么游戏，还说出了希望同学怎样对待自己。但是当我问到军秀擅长什么、未来有什么打算等问题时，他却回答自己没有什么特长，以后也会很辛苦，然后长长地叹了一口气。

军秀必须先得恢复自信才行。而恢复自信最好的方法就是让他体会到成功的感觉。因为成绩不好才遭到同学孤立，所以在和学习相关的事情上体会到成就感，对恢复他的自信会十分有效。于是我和他玩起了只要集中精力就可以得到100分的“找出隐藏的画”的游戏。因为图片和考卷长得很像，所以要是成功的话，他会很有成就感。

“军秀，你得到过100分吗？”

“没有。”

“你想不想试一下得100分是什么感觉？”

“这种事情在我身上是绝对不会发生的。”

“但是军秀脸上分明就写着‘想’呢？”

“我只是想试试。”

“好，现在开始集中精力找出这幅画中隐藏的乐器。”

军秀开始找起来。因为不是很难，一会儿他就全都找到了。我在图片上方用红颜色的笔写了一个大大的100分。军秀看到后，开心地笑了，脸上写满了满意的神情。

“还有没有难一点儿的，这个太简单了。”

军秀跃跃欲试地要我给他出更难的题。

我让军秀体会成功感受的第二个题目是“背诵达人”。

“现在开始尝试一下能不能成为一名达人。”

“什么种类的达人啊？很能吃东西的达人？”

“‘背诵达人’，你觉得怎么样？”

“唉，这个不行。我不擅长背诵。”

“画中隐藏的乐器都能这么快找到，说明你注意力很集中。来，大喊一声‘军秀可以的’，开始挑战吧！”

我拿出了一些写有水果、蔬菜、动物等名称的单词卡片。种类不同，卡片的颜色也不一样。

“你先看 4 张写有水果名称的单词卡片，请记住都有什么水果。”

从 4 张开始，然后 6 张、8 张，卡片数量逐渐增加，但军秀一张张全都记住了。军秀兴奋得脸颊有些发红，眼神也明亮了起来。

“军秀，现在请你记一下这 10 张卡片的名称。来，现在说一下每张单词卡片的位置和名称吧！”

“哇。我居然都对了！”

说完 10 张卡片的名称后，军秀吃了一惊。于是在一段时间里我们一直在玩“背诵达人”的游戏。在他成功记住 10 张食物卡片名称之后，他自告奋勇要挑战 20 张食物和动物混合的卡片。虽然过程中也曾经有过几次犹豫，但最终军秀在没有任何人帮助的情况下，完成了挑战。因为他把动物吃食物的场景完全视觉化了，所以全都记住了。

军秀先是从记忆不同类别的卡片中获得了自信，然后通过联想的记忆方式记住了无关联的多种事物的名称。

“现在我对背诵有一些信心了。一周前看过的卡片还能够想起来。回到家里也能记起来。”

军秀并不是单纯地记住几十个单词，而是通过这个过程获得了成就感，重新找回了自信。小的成功就可以让孩子变得自信满满。

“军秀现在变得开朗多了。因为过几天又要期末考试，所以他现在也开始坐在书桌前看书了。以前他总说中学的学习内容太难了，连书都不打开。”

“军秀妈妈，可能对于军秀来讲学习是有一点儿困难，但是只要你仔细观察，他也有自己擅长的东西。即使他只取得了一点点成功，也要毫不吝啬地称赞和鼓励他。”

妈妈也看到了拥有自信之后的军秀变得跟以前是多么不一样。

大约在期末考试过后的第三周，军秀兴奋地来到了咨询室。他告诉我期中考试只考了 15 分的化学，这次居然考了 60 分，不是全校最后一名了。我没有追问高兴的军秀其他科目考了多少分，是不是也不是全校最后一名。我根本就没有问的必要。因为这个孩子曾经因为觉得学习困难，临近考试连书都不翻一下。现在他第一次打开书学习，居然得了 60 分。

军秀通过背诵单词卡片这种小游戏体会到了成功的感觉。也正是因为这种成功感，他现在开始挑战学习这种大课题。虽然年级越高，学业越难，但是只要想起自己曾经有过成功的经历，还是可以鼓起勇气一次次地去挑战。因为那些小的成功让他获得了自信。而自信心会成为日后他生活下去的力量。所以，请多给孩子提供一些可以获得成功体验的机会吧，屡次失败的孩子，因为害怕再一次失败，是不敢轻易尝试的。

给父母的话

失败并非成功的反义词

成功的经历可以让孩子获得自信，而这种自信又会让孩子产生挑战其他课题的勇气。父母总是试图给予一些忠告，让屡次失败受挫的孩子重新鼓起勇气，但这种忠告是没有说服力的。孩子不仅不知道鼓起勇气的具体方法，而且根本连想的念头也不会有。因此请先给他们提供一些能够感受到小的成功感的机会吧。当他们体会到成功的滋味后，父母再在后面推他们一把，帮助他们鼓起勇气。小的成功可以让孩子对未来充满信心。

某个跨国企业的CEO曾经对职员说：“我希望能够下一些‘快些失败’的订单。”他的意思是只有失败了，才能开始另一个全新的挑战。而且通过失败，能够使显露出的问题得到改善，让一切变得更好。父母不要害怕孩子失败，失败并非成功的反义词。失败是成功的必经之路，是为了成功所做的练习。

散漫也许是因为好奇心强
——针对散漫的孩子进行专注力训练

美丽在整个小学一年级几乎天天挨班主任批评或者被班主任敲脑袋。因为她每次上课都无法集中注意力，只是呆呆地坐在那儿。从入学开始，美丽就很害怕班主任。上小学后，环境变得陌生，班主任也没有幼儿园的老师亲切，总是很严厉地强调学校生活的纪律，要求无论是上课时间，还是休息时间，除了去厕所外，都必须坐在座位上。这和自由自在的幼儿园生活有很大不同，美丽感到很害怕。

上班主任的课时，美丽会很不安。就算班主任只从她身边经过，美丽也会很紧张。但班主任只要一见到美丽紧张的样子，就总想确认美丽是否在集中注意力听讲，他会经常向美丽提问或者是让她找出正在学习的内容。美丽总因为紧张而没有办法轻松地回答。而在她努力克服紧张情绪时，班主任总会批评她没有好好听讲。这种情况经常发生，以至于老师和同学都认为美丽是个散漫的孩子。

美丽逐渐失去了笑容，一想到去学校就肚子疼，但是美丽没有把不想去学校的原因告诉妈妈。妈妈每天都很忙，连家长会都没空参加，也没有时间见女儿的朋友们，因此她也不清楚美丽在学校过得怎么样。但是在放寒假的前几天，妈妈为了见美丽去学校时，从美丽朋友那儿听说了美丽每天都挨老师批评的事。

“美丽啊，学校生活有意思吗？”妈妈问道。

“没有意思。”

“为什么呀？”

“因为每天都挨骂，学习也不好。”

妈妈感到很自责，觉得连女儿在学校过得那么辛苦自己都不清楚。于是，她敲响了咨询室的门。

怯生生的只会看眼色的孩子

“生活太辛苦了，都没空关心上小学的女儿。但一想到一年以来她一直挨老师批评，就会觉得很对不起她，孩子实在太可怜了。”美丽的妈妈哭着说道。

上小学后，美丽变得很畏缩，因为每天都被老师批评、指责。只要陌生的大人一跟她打招呼，她就会很紧张，躲在妈妈的身后看眼色。对陌生的大人有很强的戒备心理。

“美丽啊，我有东西想给你看看，要不要来游乐室啊？”

“……”

但美丽什么也不说，只一直在看妈妈的眼色。看到妈妈允许的眼神，美丽才站了起来。我说“我们走”，便向美丽伸出了手。美丽很害羞地抓住我的手进了游乐室。

“哇！好漂亮啊！”

美丽在游乐治疗室看到跳芭蕾舞的洋娃娃，兴奋地说道。但感叹过后，美丽并没有再说话，只是观察着游乐室。虽然她很想摸一摸洋娃娃，但也不问我可不可以。一般情况下，小学一年级的孩子在感叹洋娃娃漂亮的同时，都会伸手摸一摸它们，但是美丽只是一直在看眼色。不知道是不是怕被拒绝，美丽也不问我，只是迫切地看着跳芭蕾舞的洋娃娃。

“去拿着玩吧，只要玩完把它们放回原处就可以了。”我说道。

美丽的表情变得明朗了，但像难以相信似的还在那儿犹豫着。

“小公主，你可以玩这个房间里的所有东西，想要哪个呢？”

孩子立刻跑向了跳芭蕾舞的洋娃娃。同时拿来了漂亮的床、沙发、化妆台等玩具开始装扮，立刻就组成了漂亮的公主房。就这样，在我和美丽妈妈几次谈话的过程中，美丽一直在玩过家家的游戏。

“我的房间要是也这么漂亮就好了。要是有漂亮的床和化妆台就好了。我姐姐学习很好，还很善良。我妈妈也很善良……”

美丽用玩具装扮了漂亮的家，开始好好招待洋娃娃家族。但是里面却没有爸爸。

“大家都到齐了吗？”

“没有，爸爸没来，爸爸总是发火。”

美丽的过家家游戏中经常没有爸爸这个角色。

父母不表现出关爱，孩子是不会知道的

美丽的爸爸不经常笑。因为担心公司效益不好，自己有失业的可能。特别是当看到年幼的女儿时，爸爸因心有愧疚，也没能表现出对她的疼爱，还经常因感到自己无能而发火。而女儿因常常看到爸爸发火而不敢接近他，她以为爸爸是因为自己才发火的。这样，美丽的爸爸逐渐被孤立了。我拜托他到咨询室和我谈一谈，但被他郑重地拒绝了。所以我只好通过电话和他进行了交谈。

“有美丽那么可爱的女儿，您一定很高兴吧？”

“当然了。你不知道她有多可爱。”

“那您经常表现出对她的疼爱吗？”

“没有。我这个爸爸也没能为她做什么，只是在心里挺疼爱她的。”

“美丽还很小，如果大人不表现出关爱，她是不会知道的。而且会因为看到爸爸经常发火而担心自己被爸爸责骂。”

“我对大女儿倒是时常流露出关爱，但因为对小女儿亏欠太多，反而没办法表达自己的疼爱之情。”

“从现在开始试试怎么样？笑着面对女儿就很好。可以用话语表达美丽有多可爱，多拥抱她，多称赞、鼓励她。”

通过与我进行电话交谈后，美丽的爸爸鼓起勇气向家人道了歉，说明

了之前是对自己发火，没想到却影响了家人的生活。他还表达了对家人的爱，并向家人保证虽然公司效益不好，但若真出了问题，会去寻找别的工作，不会像以前那样整天忧虑、发火。从此，他们一家人在一起开始有说有笑了。美丽感觉到了爸爸的变化，也不再看他的眼色了。慢慢地，美丽开始爱笑了，也喜欢做运动了。爸爸将爱意表达出来之后，美丽才知道爸爸是多么疼爱她。

散漫的孩子只看想看的，只听想听的

在家庭中得到父母充分的爱和认可而长大的孩子心里会很踏实。相反，没有得到父母的爱和认可而长大的孩子就会畏缩、不安。美丽从小因为经常看到父母的负面情绪而学会看眼色，所以上学后也会看老师的眼色。美丽因为在这方面过度费神而变得死板和不自然。她担心被老师批评，就算老师只从旁边经过她也会害怕。这种紧张使美丽上课时很难集中精力听课。

美丽到二年级时已经变得比以前开朗了，但在学校还是有些放不开，所以美丽决定和同学们一起参加集体活动来获取能量。在很活跃的孩子中间，性格安静的美丽开始时感到很陌生。但是她马上就又因为感觉到集体的力量，而继续坚持了下去。现在即使是男生很多、很活跃的孩子组成的集体，美丽也不会拒绝参加了。

大部分注意力散漫的孩子在众多的听觉刺激中只会注意自己感兴趣

的。比起在语文课上看着黑板听老师讲课，他们会选择听从运动场传来的别的班同学的呼喊声。

美丽也有很多次都选择了这种不适宜的听觉刺激。因此为了避免因注意力散漫而引起的批评和指责，体验因注意力的提高而取得成功的过程就很必要。最有效的方法就是听觉与视觉的注意力集中训练。虽说进行单独训练的情况也很多，但是为了更好地适应学校生活，集体训练更有效果。

集体活动的规则大都是相似的。重在不要伤害他人的身心，好好地遵守规则，相互称赞、相互关心。当然，根据集体自身的特点还可以增加别的规则。一旦在集体活动中找到乐趣，大部分的孩子就会努力地去遵守规则。如果熟悉了基本规则，就会体会到在游戏中相互关心而带来的快乐和集中注意力参加活动而取得的成功。通过参加活动，孩子的毅力和耐心也会得到培养。如果孩子能够对指定的作业集中精力去看、去听、去想，还具备毅力，那么他的学习能力肯定能得到提高。

通过注意力集中的训练，美丽逐渐变得自信起来。对咨询师通过手和面部表情发出的多种信号都能集中精力做出灵敏的反应，而且可以准确地说出自己的想法，并且在集体活动结束后的评价时间里，能够很具体地描绘出快乐的场面。现在美丽不仅能说出朋友的优点，连自己的优点也可以大胆地说出来了。她再也不是畏缩、散漫的孩子了。

“二年级的老师不吓人。”

美丽对学校生活充满了自信和期待。老师和朋友再也不是令人害怕的对象了。所以奉劝大家，如果孩子过分地看眼色或者过分地紧张的话，那么，必须仔细观察孩子所处的环境，必须充满爱意地观察是什么使孩子变得散漫。比起批评孩子，我们更应该找出使孩子变成这样的环境，并去改变这个环境。如果想让孩子的行为正确，那就要排除一切妨碍孩子精神安定的因素。

不理解所学内容就很难集中注意力

泰友在班主任的劝说下，来到咨询室接受咨询。他和刚开学的时候不一样，突然变得很散漫，班主任很好奇是否有什么特殊的原因才导致他这样的。泰友是一名很好地适应了学校生活的小学四年级男生。他的书法尤其好，还得过很多次奖，周围的朋友也都说他学习很好。泰友的父母并不担心他的学习。而且他爸爸认为，在小学时好好长身体才是最重要的，因此他家也并不是特别强调学习。

“泰友，很高兴见到你。”

“你好。”泰友羞涩地笑了。

“学校生活有意思吗？”

“有时候有意思，有时候没有意思。”

“什么时候有意思啊？”

“上课的时候很有意思，休息和吃午饭的时候也有意思。”

“上课的时候有意思？看来你学习很好啊！”

“除了数学。”

“为什么数学课没有意思，有什么特别的理由吗？”

“只做运算的时候还行，但是大数的除法填空，做完后还得再检查，这过程太复杂了。除数、被除数、商、余数，还得验算之后再确认，真的很烦人。”

“原来是除法的运算太复杂，泰友感到累了啊！”

“是的。”

“在这门课上，是不是很难集中注意力？”

“当然很难了，还很无聊。”

“这时候怎么办呢？”

“我一直在看时间，等着下课铃快点儿响。很多时候都是别的同学在解题，而我却走神了，只是看着表。”

“你有没有跟老师说过，除法运算太难了，让老师给你讲解一下？”

“没有，除法运算马上就要结束了。”

“这一单元结束了，即使没有学会也就这样过去了吗？”

“是的，不是要开始学习新的单元了吗？”

“还有你没有理解就已经结束学习了的单元吗？”

“有。除法一直都是这样。就算没有好好理解也能做出计算结果。但是要回答在解题过程中理解了什么之类的问题就难了。”

泰友一直都是很死板地练习四则运算。他虽然做过很多题，但并没有理解运算符号的意思，只是重复地解题。虽然加减法和乘法通过看符号进行机械地运算没什么困难，但除法是不同的。如果不能理解除数、被除数、商和余数的关系，计算后就很难进行验算。

泰友一直认为数学就是计算，不认为必须得理解，他在学习每个单元时，只是按照练习题计算罢了。即使这样，他的成绩也在 80 分以上，所以他并不认为自己的学习方法有什么问题。但是如果不去理解，大数运算的除法就会出现问题。因为不理解，上课时间就变得很无聊，所以他总是呆呆地看表或是在书本上乱画，也因此被老师批评了很多次。

提高学习兴趣的游戏

“您好，泰友在家是怎么学习的？”

“忙着上英语辅导班和做学校布置的作业。孩子的爸爸认为孩子不会输在起跑线上，所以就让孩子多玩。”

“泰友之前因学习困难向您请求过帮忙吗？”

“没有，他学习还可以，我没担心过。”

“泰友学习数学的各个单元时，只是记住解题方法，并没有真正地理解。”

不喜欢数学的孩子大部分都想着快点儿找出答案。他们有的为了考试会记住运算方法，有的把数学当成背诵课程来学习。聪明的孩子中，也有和泰友一样不理解只记住运算过程而应付考试的。这样学习数学的孩子到中学后学习就会完全跟不上。因此，学习数学时，在解题之前，必须先通过实物让孩子理解。

“泰友啊，和老师做拼比萨块的游戏好吗？”

“那是什么？”

“就是猜把比萨切成几块才能让大家最公平地分吃到比萨。”

“这不是太简单了吗？”

“真是这样吗？来，这有很多份比萨。从被分成 2 块的到被分成 16 块的都有。泰友，你家有几口人？”

“4 口。”

“那用一份比萨就够了。条件是所有人都吃相同的分量。应该怎么分呢？”

“这很简单啊。把比萨分成 4 块，一人吃一块就行了。或者分成 8 块，一人吃两块。”

“很好。这就是除法的运算过程。”

“这是除法的运算过程？”

“‘4 个家人分吃被平均切成 8 块的比萨’就是除法的运算过程。被切成 8 块的比萨是‘被除数’，4 个家人是‘除数’。”

“那么 2 块比萨就是‘商’了？”

“是的。泰友真聪明。分吃完后，有剩余的比萨吗？”

“没有。”

“那现在想一下有剩余的情况。”

“点了一份被切成 8 块的比萨，但只有 3 个家人。怎么能分得一样多呢？”

“没办法均匀地分。”

“是的。分得一样多之后有剩余的比萨。这就是‘余数’。”

“那么8块比萨是‘被除数’，3个家人是‘除数’，分吃的2块比萨是‘商’，剩下的2块比萨是‘余数’。”

“是的。3个家人每人吃2块一共是6块，再加上剩下的2块，一共就是最初的8块了。‘3×2+2=8’，这就是验算过程。”

“除法的验算过程都可以用比萨块来说明。真简单。”

“不管数字多大，运算过程都是一样的。所以用比萨块说明就可以了。你很聪明，肯定会做得很好的。除法不算什么吧？”

泰友笑了。他只因为一个部分没有理解，就觉得上课很无聊。其实很多情况下，孩子突然在课堂上变得散漫往往和是否理解讲课内容有很大关系。虽然其他的课程没有困难，但即使某个课程的某个单元无法理解也会出现这种情况。在这种情况下，必须尽快帮助孩子理解学习内容。听自己理解不了的课程，不管是谁也都会变得散漫。但如果能了解孩子出现这种状况的原因，那么就可以解决这个问题了。

给父母的话

散漫有时等同于好奇心强

很多父母都担心孩子精神散漫、注意力不集中。有像美丽这样因情绪问题无法集中注意力的孩子，有像泰友这样因学习吃力跟不上课的孩子，但还有很多孩子注意力无法集中可能是因为好奇心太旺盛。这些孩子感兴趣的事物多，想知道的东西也多，对自己看到的、听到的所有东西都感兴趣。所以他们看起来散漫，像无法在一件事情上集中精力。对于这样的孩子，比起一味地批评、指责，我们更应该做的是逐一满足孩子的好奇心，并引导他们在最关心、最感兴趣的事情上集中注意力。

“感谢你成为我的孩子”

——打开孩子紧闭的心扉

宥敏是个初二的学生。她没有要好的朋友，大多数时间都是自己一个人待着。一般这个年纪的女孩子无论走到哪里都是三五成群的。虽然小群体的成员经常更换，或是换到新的群体里，但是因为总是有属于自己的小群体，还是有归属感的。大部分女生都希望无论自己去哪儿，都有人和自己一起。然而，宥敏不属于任何一个群体，她总是独来独往。去食堂吃饭也不能融入大家，也不能开心地吃东西。她只是很快吃完，然后离开座位。宥敏在六年级的时候曾去加拿大进行过为期一年的语言进修，从那时候开始她习惯了自己一个人。因为宥敏不好意思主动走向与自己语言不通的外国孩子，所以她就独来独往。就是现在，宥敏也不好意思主动和人打招呼。

“宥敏在家里话很少，语言进修回来后一直都不怎么爱说话，只是一个人待在自己的房间。”

宥敏的妈妈对女儿的沉默寡言表示担心。

“很高兴见到你。”

我笑着跟宥敏握手，宥敏害羞地握了握我的手。

“宥敏啊，你认为咨询室是怎样的地方呢？宥敏你想在这里做什么呢？”

“……”

“宥敏今天第一次来这里，有可能不知道该怎么做，是吧？那么，老师能不能跟你说一下老师想跟你做的事情呢？”

“好。”

“首先，我想把心理咨询的目标定为‘幸福的宥敏养成记’。当然一定要宥敏同意哦。”

“幸福吗？”

“是的，幸福。”

“‘幸福’这个词离我很遥远。”

宥敏的眼睛闪烁着。

“老师希望宥敏能够和‘幸福’这个词赶快亲近起来。一定会亲近起来的。”

“我可以成为那样的人吗？”

“当然，幸福也是需要练习的。为了成为‘幸福的宥敏’我们来练习一下吧。来吧，与老师一起。”

大部分孩子都认为自己是不幸的

来到咨询室的大部分孩子都认为自己是不幸的。他们虽然各有各的原因，但是都一样承受着苦痛，都很迫切地需要别人的帮助。有些孩子认为“幸福”这个词离自己很遥远。有些孩子会说幸福是“奢侈”的。

宥敏也是这样认为的。她陷入了深深的绝望中，她也希望能够摆脱这种绝望。宥敏鼓起了勇气，用又害怕又颤抖的心情抓住了我伸出的手。为了成为幸福的人，宥敏决心迈出第一步。目标已经确定，现在就只剩下制订具体的计划和实施了。

“宥敏鼓起勇气说要练习变得幸福。而这需要父母特别的关心与爱护，还有鼓励与支持。”

“为了女儿的幸福，无论什么事情我都是可以做的。”

得到了父母的鼓励，宥敏开始练习。

“宥敏啊，快进来。”

我稍微提高音调，朝正在走进咨询室的宥敏打了招呼。

“您好，老师！”

宥敏有些不好意思，也提高音调跟我打招呼。她的状态看起来不错，再不用似有似无的声音向我进行无力的问候了。

“嘎嘎嘎，咯咯咯。”

我对着宥敏一边拍手一边笑着。

“……”

宥敏也微笑着拍了手。她原本认为人们只有在出现好笑的事情时才会笑，然而她现在发现更多的时候笑着笑着就产生了好笑的事情。只要嘴角上扬，大脑就会认为是有好事，我们的身体也会开始有反应。如果身体感知到幸福，就会开始制造积极的正能量，然后将其储藏。就这样，在练习的过程中所制造出来的正能量成为药引，最后能够召唤出幸福的自己。

在变幸福的过程中，作为额外奖励还可以获得自信。试着笑出声来，用爽朗的声音同他人打招呼，这些在克服困难的过程中，可以使自己产生积极的想法。宥敏与支持自己的老师和家人在一起时，虽然也会有畏惧，但还是鼓起勇气在下一个过程中努力练习。练习笑出声来的宥敏真的经常笑了。她现在可以淡定地看着镜子中自己的笑脸。

“现在我们来玩个模特的游戏？”

“那是什么？”

“像模特一样走台步。挺起胸膛，昂首阔步。”

宥敏没有低头，昂首挺胸很有自信地走了起来。

“我每周都会和宥敏一起散3次步。周末我们一家人还会去公园。现在她爱笑了，在客厅待的时间也长了。丈夫说有一种重新找到女儿的感觉，很开心。”

与家人一起做运动，开始笑出声来，宥敏的表情都不一样了。她不再是那个无力而疲惫的孩子了。她有了自信，会主动走向同学们，也会把朋友们带到家里玩。她还接受妈妈的提议，把朋友们叫到家里开了生日派对。现在她已不再一个人去食堂了，吃饭时会融入朋友们中间。

所以，当你觉得幸福与自己没有任何关系，离自己很远的时候，请试着看着镜子笑出声。还有就是用稍高的音调来试着打招呼吧。不要有气无力地关上房门，试着昂首挺胸走一走。幸福练习做着做着，就会发现曾经的沉重生活已变得不一样。当认为孩子与“幸福”这个词距离太远的时候，父母请首先做幸福练习吧，然后把孩子邀请到这个场合。幸福的传染性是很强的。希望每一位父母都能成为为孩子传播幸福的父母。

内心疲倦的孩子受到小小的刺激就会很愤怒

我与因为学校暴力行为而受到警告的两个学生见了面。学校给我寄的咨询委托书上写明了暴力发生的情况。但是这两位不是我们一般意义上所说的被害者和加害者的关系，而是朋友关系。把被害者和加害者分开，是心理咨询一贯的做法，但是很意外，志赫和宇宙是一起参与咨询的。两个孩子的妈妈也陪孩子一起参与了咨询，但丝毫没有妨碍这次咨询的顺利进行。

一天在上学路上，志赫打了宇宙。宇宙委屈地被打了，但是宇宙没有还手。因为如果打架的话父母和老师会介入，那样会更麻烦，所以宇宙想息事宁人，不再追究。

但是宇宙同班的几名同学把志赫叫到公园进行了报复。这件事其实与宇宙无关。几名同学也是从其他班的同学那里听说宇宙被打的事情，觉得不能就那么算了。因此就发生了好几个人打一个人的事情。学校惩戒暴力自治委员会给参与暴力行为的学生警告、停课和校内自愿服务活动等处分。在此事处理过程中，老师担心这件事会对志赫和宇宙造成心理伤害，所以申请了咨询。

志赫和宇宙，还有二人的母亲一起参与了这次咨询。

“志赫啊，你和宇宙是怎么认识的？又不是同班同学。”

“这件事发生之前是不认识的。”

“那怎么和宇宙打起架来的啊？”

“不是打架，是我单方面打了他。”

“上学路上，单方面打了自己不认识的同学，这件事是很难让人理解的，能不能跟我说说？”

“上学路上我心情不太好，和宇宙对视了一下，他瞪了我。不对，是我认为他瞪了我，所以我就不由自主地动手了。”

“原来是上学之前心情就不太好的原因啊。”

“心情超级不好。”

大人很难理解这样的状况。在上学路上单方面打了不认识的同学，我们有可能会认为这样的孩子本质特别坏。然而在处于青少年时期的孩子身上，这却是很常见的一种现象。学校里无休止的考试竞争，能把朋友变成敌人。在困境中挣扎的孩子很疲惫，火气也就很大。因此，很小的刺激就能使他们很愤怒。没有几个人因为能够预见自己的行为带来的结果而做到自我调节情绪。很多青少年还在成长发育中，所以为了调节孩子的愤怒，父母应当提供必要的帮助。

对话是解开“乱麻”的开始

“其实那天早上志赫去学校的时候是非常生气的。”志赫的妈妈说道。

“前一天晚上，时间已经很晚了，我让他学习他也不学，一直在听音乐，所以我就冲他嚷嚷，让他去睡觉。他早上起不来床，我就骂了很难听的话把他叫醒了。志赫心情很不好，早饭也没吃，就摔门出去了。”

“那志赫肯定是在很生气的情况下去上学了。”

“是的，所以才会对毫无过错的宇宙撒气啊。真不知道有多抱歉，很对不起宇宙和宇宙的妈妈。”

“听了您道歉的话，我也有些不好意思啊。”

听了志赫妈妈的话，宇宙的妈妈开口道。

“那天早上宇宙的心情也不是很好。前一天晚上玩到很晚，早上起不来。我就对儿子说了很严重的话：‘就这样一直懒惰地活着吗？这样直接变成流浪汉正好。’在上学路上，他也有可能就像志赫想的那样，瞪了志赫。”

宇宙的母亲低下了头。

学校发生集体暴力时，孩子和父母一起进行咨询是很有效果的。就算咨询师不介入谈话，通过父母和孩子的对话，也可以让双方了解到对方的想法，从而产生打开心门的契机。如果父母与孩子缺乏沟通，不了解孩子的想法，只看到孩子的消极模样，就责骂孩子，孩子也会把想说的话埋在心里，最后关闭心门，从而就会出现志赫和宇宙之间发生的那种事件。如果孩子无法从父母那里得到正能量，就会很容易表现出愤怒。因此，帮助孩子与父母进行沟通，打开孩子的心门，是预防学校暴力最有效的方法。此外，孩子会对由于自己的问题而抽出时间与自己一起接受咨询的父母感到抱歉，这也可以获得其他的效果。“再也不要因为不好的事情让父母劳累”，孩子很多情况下会产生这样的想法。

称赞的作用

志赫和宇宙在学校惩戒暴力自治委员会召开的会议中见了很多次面。宇宙知道了志赫打人的原因，原谅了志赫。其实应该称为共鸣，是宇宙对志赫产生了共鸣。二人互相理解了对方，反而不需要一个场合让两个人互相道歉或是原谅对方。所以我们把咨询目标定为“母子打开心门，爱的恢复”。打开心门的钥匙是真心和爱。如若真心和爱能让对方感动，便是最大的成功。在任何时候，承载真心和爱的称赞都能让对方感动。因此我们举办了“称赞苹果树”的活动（韩语里“苹果”与“道歉”是同一个词）。通过这个活动我们期待母子间能够打开心门，恢复彼此之间的爱。

“妈妈和孩子各自拥有一棵苹果树。然后在10个苹果形状的纸上写上对方的优点。妈妈写上儿子的优点，儿子写上妈妈的优点，然后贴到苹果树上，还要在参加这个活动的所有人面前说出这些优点。”

我们画好苹果树和苹果形状，分配好胶水和剪刀，活动开始了。开始时大家不知道写什么好，脸上显现出一副很难堪的表情。这对平时没有称赞氛围的家庭来说，是个困难的活动。因此，这样的家庭更需要参加这个活动。称赞到底有多大力量，亲自经历就会知道。通过称赞可以改变看对方的视角，改变彼此相处时所使用的语言和行动。困惑过后，“称赞苹果树”完成了，在所有人面前称赞对方的时间到了。现在妈妈和儿子成为一组，认认真真地相互称赞着。

刚开始因为害羞问能不能不说的宇宙，现在首先说出了妈妈的优点。

“妈妈很会做料理，每天都给我做可口的饭菜；妈妈很爱干净，总是把家里收拾得很整洁；妈妈虽然不苗条但是很健康；妈妈经常很亲切地对我说话；即使我学习不好妈妈也不为难我。”

宇宙的声音很真诚，不像是在开玩笑。

“儿子总是把妈妈做的饭开心地吃完；儿子的微笑价值百万，很有魅力；儿子会把沉重的购物筐抢走，帮我提重物；儿子很健康，真的谢谢你成为我的儿子。”

宇宙妈妈说完后，停顿了好长时间。

“儿子为做饭、收拾房间这样的事感谢妈妈，真的很令妈妈骄傲。儿子偶尔会为了妈妈，展现他绝妙的手艺，给我煮方便面。我爱你，儿子！”

宇宙妈妈用充满爱的眼神注视着儿子。

这时，不知道妈妈的优点是什么、很为难的志赫也拿起笔补充了妈妈的优点。他想把妈妈的优点写得具体些，正在努力着。

“妈妈笑起来眼睛很美；妈妈偶尔会撒娇很可爱；妈妈像小熊维尼，

很健康……还有就是……我本来认为做饭、收拾屋子都是很理所当然的事情，听了宇宙的话觉得有点儿不好意思。妈妈，我爱你。”

志赫妈妈因为儿子对自己外貌的称赞心情很好，也开始称赞儿子。

“很感谢因为儿子犯了错误而接受咨询，通过对话我们理解了对方，这更令人感激和高兴。我一直以为儿子不懂事，没想到他那么有想法。可爱善良的儿子！很高兴你是妈妈的儿子。我爱你，儿子！”

志赫妈妈红了眼眶，她又说道：“以前我只对儿子说努力学习之类的话，那几乎是我们对话的全部了。所以儿子经常‘哐’的一声关上门就进自己房间了。怎么跟儿子交流，我一点儿头绪都没有。因为我一说话就发火。但是这样称赞之后，我觉得儿子看起来很不一样。我受到赞扬心情都这么好，真不知道之前都做什么了，一直以来居然都没有称赞过儿子一句话……”

宇宙的妈妈和儿子一起为那些别扭又郁闷的日子感到遗憾。

“回家后就像我们现在练习的一样，也要试着说。这个‘称赞苹果树’我可以拿走吗？”

“当然。拿回家贴在显眼的位置。语言是很有力量的。说出爱和鼓励的话，无论是说的人还是听的人都会产生勇气。相反，说出生气的话，所有人只能受伤。希望大家都能够成为给孩子力量和勇气的可靠的好妈妈。现在请抓住儿子的手，拥抱他。现在的学校就像战场一样，孩子总是很疲倦。对于每天结束战斗回家的孩子来说，家庭应该成为他们的安乐窝、正能量的充电站。”

“好的。我会贴在冰箱上，努力说出称赞、鼓励儿子的话。谢谢！”

两位母亲拿到“称赞苹果树”，脸上显出要努力做的表情，走出了咨询室。

给父母的话

称赞是培养优点的养料

即使是爱惹是生非、叛逆心很强的孩子也不是没有优点的。虽然学习不好，但是有可能唱歌好；虽然不听父母的话，但是有可能很会照顾弟弟妹妹。把孩子很小的优点找出来加以称赞，他就会为了得到更多的称赞而展现自己焕然一新的面貌。请铭记这个事实：称赞是培养“优点大树”的养料。

后记

孩子正在等待

因为同学们的恶意留言而选择自残的多彬，因为爸爸总强调学习而选择通过玩游戏来逃避的允植，以及很多因为被同学孤立而陷入困境的孩子，他们都过得很辛苦，却没有一个人选择向父母求助。大部分选择自杀的孩子也不会选择求助于父母，他们会独自一个人面对困境。

孩子不是因为和父母的关系不好才不向父母求助，最大的原因是父母没能及时接收到他们发出的身心疲惫的信号。孩子处于“危险”时会发出哪些信号呢？有些孩子会突然之间睡眠增多，变得忧郁？有些孩子因为烦躁，会有一些反常举动，最为常见的就是把门“哐”的一声用力关上，回到自己房间，这就表明他的感情受到了伤害。这种时候不要问他为什么这么沮丧，为什么要发脾气，唐突的问话不仅不会让孩子开口，还有可能让他关上心门，甚至会这么想：

“爸妈根本就不懂我，一点儿都不关心我。”

但即使这样，孩子仍在等待着。他们希望父母能主动靠近自己，倾听自己内心真实的声音。但是父母却经常对孩子这样说：“你得先表示出相信我，我才能向你伸出手。”我不希望父母这样。我们的孩子还处于成长期，我们不能期待他们可以理性地判断哪些是正确的，哪些是错误的。这样的期待也是无理的。为了孩子能够更好地成长，我们应该支持他，鼓励他，相信他，并耐心地等待他们长大。

此外，父母总是担心一些还没有发生的事情，这只会让孩子陷入不安之中。这一点需要我们每一个人谨记。对处在茫然和不安中的孩子，父母总是习惯性地指出他们哪些行为是错误的，然后不停地唠叨。有哪个孩子愿意在疲惫的时候去求助总责备自己的父母呢？孩子认为，自己向父母吐露心声，只会受到他们的批评。因为这样的想法，所以孩子不可能向父母敞开心扉。

孩子如果在家里不能得到充分的支持和关爱，那么很可能会在外面向比自己弱小的人发泄不满，或不停地对朋友找茬儿，把自己在父母那里因受到指责而产生的火气发泄在朋友身上，甚至向他人挥起拳头。在咨询室里见到的那些沦为发火对象的柔弱孩子，总会令咨询师感到担忧。所以我在这里再次呼吁：

“不要让你的孩子生气。在孩子关闭心门之前，请主动靠近他。你的孩子正在期待你的到来。即使他们会有些小小的抵触和反抗，也请走近他们，直到他们打开心门。而那扇门最后一定会打开的，因为您是他最亲的人。”

附录 1

用游戏的方法来肯定孩子

"称赞苹果树"

- 在家里能够看得见的地方（例如冰箱）都贴上写有家人姓名的苹果树小卡片。
- 只要发现谁有了值得称赞的地方，就在卡片上写上称赞的话。
- 当所有的卡片都被写满的时候，可以庆祝一下。这样会加深这个游戏的意义。
- 通过称赞别人和被别人称赞，孩子会很容易发现别人的长处。

称赞沐浴

- 在家里，当谁有了值得庆祝或称赞的事情时，让他坐在正中间的椅子上。
- 家里的其他人依次具体地说出主人公的长处。

- 称赞有几种方法，下面举例来看一下。

  “我的女儿（儿子）放学回到家，总是把书包整齐地放在书桌下面，真乖巧。因为要是书包放在玄关那里，会让家里看上去很乱，而且还会给其他人带来不便。”

  “谢谢我的女儿（儿子）每次脱下袜子从不乱扔，总是放在脏衣篓里。让我洗衣服的时候轻松了很多。”

- 如果孩子有些行为必须改正，那么请先和他约定好。为了让他遵守约定，可以使用一些强化的方法。
- 称赞孩子的时候不仅可以说“你真棒”，还可以伴有竖起大拇指等动作。

为身体作画

- 先准备一张孩子身体大小的纸张。
- 让孩子平躺在纸上。
- 沿着孩子身体描画出孩子的体形。
- 和孩子探讨身体各个部位的作用。
- 告诉孩子如果身体哪部分不舒服，就要告诉父母。
- 告诉孩子身体知识的同时，也可以捎带着讲一些其他东西。
- 因为同时讲解了其他内容，孩子可以和你分享更多有价值的东西。

寻找家人的优点——虽然彼此不同，但仍想在家人身上找到相似之处

- 提议玩一个游戏：找一下自己没有但家人有的优点。
- 在寻找的过程中，孩子可以通过某些手段收集信息。比如，和游戏对象对话、打电话给奶奶、观察等。
- 在一定的时间里，收集信息找出家人身上的优点。
- 虽然彼此不同，但是孩子仍期待在家人身上找到与自己相似的地方。
- 通过这个游戏，可以让孩子学会关心他人。

为对方铺垫脚石

- 事先约定好地上放的垫子是江水，纸张是垫脚石。
- 然后对孩子说为了不让家人掉到江里，请为他铺上垫脚石吧。
- 两个人一组，一个人站在出发线上，另一个人准备铺垫脚石。
- 接到出发信号后，两个人要相互配合。为了不让家人掉到水里，铺垫脚石的人要考虑他的步幅大小然后在适当的位置铺上垫脚石。先渡过江（走到垫子的尽头）的一方胜利。
- 比起胜利来，更应该为孩子帮助家人平安过河而鼓掌。
- 这个游戏可以让孩子学会关心他人。

安慰《伊索寓言》中的主人公

- 和孩子一起阅读《伊索寓言》的时候，在告诉他吸取寓言中的教训的同时，还应该告诉他给处在困境中的主人公温暖的安慰也很重要。

- 给孩子读完《龟兔赛跑》的故事后，比起责怪兔子的狂傲自大来，还可以尝试着说些安慰兔子的话：“兔子呀，你一定很受伤。我原以为你会胜利的。要不是在树下睡着了的话，你肯定会赢的。”
- 父母首先扮演安慰兔子的角色，然后观察孩子的反应。再进行角色互换。
- 如果父母扮演兔子角色，接受完孩子的安慰，并表示会帮助《伊索寓言》里的那只兔子总结经验教训，效果会更好。

附录 2

用游戏的方法来帮助孩子集中注意力

多种形式的拍手游戏

- 拍手游戏（双方跳起来互相拍手，类似庆祝胜利时常做的动作）不仅可以鼓励孩子，对训练孩子集中注意力也很有效。
- 拍手的位置也要变换，可以上下变换或者左右变换，有利于孩子自由移动视线。
- 自由移动视线不仅有利于孩子拓宽视野，还有利于孩子与他人的合作。

吹乒乓球

- 用笔或者木棍设定乒乓球移动的路线。
- 在这条路线上放上乒乓球。
- 两个人相对而坐，信号发出后开始吹乒乓球。

- 先把乒乓球吹到地上的一方获胜。
- 游戏中必须紧紧盯着对方的眼睛，因此对于不敢直视他人目光的孩子很有帮助。

找出移动杯子中的饼干

- 准备若干个不透明的杯子。
- 在其中一个杯子里面放上饼干，然后不停地移动所有杯子的位置。
- 为了找出杯子里的饼干，视线就得一直随着杯子移动。
- 因为事先不能让对方摸也不能和对方说哪个杯子藏有饼干，所以能帮助孩子控制注意力。

记忆游戏

- 制作两套表面看起来一样的卡片。为了不让孩子看到正面的图案或者文字，把卡片翻过去放。
- 决定好顺序之后，翻开两张，如果图案或者文字是一样的，就拿走。而且还可以再得到一次翻卡片的机会。但是如果两张卡片不一样，就让对方翻。
- 一直进行到所有的卡片全被翻光为止。
- 手里拿到卡片多的一方胜利。
- 这个游戏需要集中精力看卡片，所以能锻炼孩子的注意力。

顺着说数字

- 认真听对方说出的数字是几，然后再接着说。比如，对方说 23，你要接着说 24。
- 根据孩子的年龄，自由调节难易程度。
- 顺着说数字熟练之后，也可以试着玩倒着说数字的游戏。比如，对方说 23，你要说 22。

按计算器——说几按几

- 首先告诉孩子计算器的使用方法。针对四则运算、等号、不等号等符号作出说明。
- 把计算器放在桌子上，让孩子按照自己说的用计算器进行计算。
- 确定答案正确后，称赞他或者给予一定物质奖励。
- 这对于提高孩子听觉方面的注意力有很好的效果。

读童话中的句子，让孩子猜童话题目

- 让孩子选择几篇自己熟悉的童话。根据孩子的年龄和语言理解力来决定篇数。
- 即使孩子知道童话的题目，也不能抢答。听到发问后，孩子要举手。当叫他的名字之后，才可以说出答案。玩之前一定要和孩子讲清楚这个规则。
- 例如："7 个小矮人看到因为吃了毒苹果而倒下的公主，都放声大哭了起来。这篇童话的题目是什么？"孩子举起了手，你叫了他的

名字之后，他回答“白雪公主”。

- 对孩子耐心等待、遵守规则的举动进行称赞，是非常有必要的。
- 这个游戏不仅可以训练孩子集中注意力，还可以帮孩子控制冲动。

出现约定的词就拍手

- 首先确定一个词，只要这个词出来就拍手。
- 例如确定只要“面包”这个词一出来就要拍手。然后开始说：“某个村子有个制作并出售美味面包的面包房。那个面包房的陈列台上有红豆面包、栗子面包、蜂蜜面包。”只要听到“面包”这个词就要拍一次手。
- 熟练之后，可以换成其他词。直接让孩子来念，会更有意思。

“遵循命令”游戏

- 告诉孩子规则：必须在说完“遵循命令”之后，再说出让对方去做的事，然后对方照做。
- 但是如果没有说“遵循命令”，就对对方下命令，就要接受惩罚。
- 可以下一些有趣的命令，例如：“亲爸爸一下”“夸奖一下弟弟”，游戏过程中这样的命令可以带来更多的乐趣。
- 万一某个命令令大家产生不快，要及时终止。
- 游戏开始前，大家一起讨论一下命令的范围比较好。

找出文章中不同的部分

- 以下面的文字作为参考，可以根据孩子的语言理解能力调整文章的难度。
- 一开始可以只改变人物名称或者色彩名称，这样比较容易。
- 渐渐地加大难度，需要注意力非常集中才能找出不同之处。

12 点钟声一响，灰姑娘就匆忙地离开了舞会。	12 点钟声一响，白雪公主就匆忙地离开了舞会。
白雪公主吃完红色的毒苹果立刻就倒在了地上。	白雪公主吃完绿色的毒苹果立刻就倒在了地上。
7 个小矮人从矿山回来之后，看到公主因为吃了毒苹果倒在地上，都号啕大哭起来。	7 个小矮人从矿山回来之后，看到公主因为吃了毒苹果倒在地上，都放声大哭起来。
因为不能去舞会，灰姑娘很伤心。这时仙女晃了一下魔杖让南瓜变成了马车，耗子变成了马夫。	因为不能去舞会，灰姑娘很伤心。这时仙女挥了一下魔杖让南瓜变成了马车，耗子变成了马夫。

“坐椅子”游戏——配合鼓点移动身体

- 根据人数准备椅子。
- 根据鼓（有把手的小鼓、牛皮鼓等都可以）的声音移动身体。
- 所有人在椅子上坐好，鼓声一响就站起来。

- 开始要敲得慢些，身体也慢些移动。虽然规定是听到鼓声之后才可以移动，但很多时候人们没有听到鼓声便开始动。所以要再强调一遍规则，鼓声没响而先动了的话，就要被淘汰。
- 渐渐地鼓点可以敲得快一些，让孩子可以兴奋地跑起来，让他把体内过剩的能量全都释放出去。
- 敲一段鼓之后，突然用力敲一下停住。所有人快速找椅子坐下。
- 能够从听觉上练习集中注意力。

闭上眼睛跟随乐器声音

- 家人每两人一组。
- 一个人敲乐器，一个人蒙上眼睛，把所有注意力集中于队友乐器发出的声音上。如牛皮鼓或者家中任何可以活用的乐器。
- 在多种乐器中，要分辨出哪一个声音是队友发出的，然后跟着乐器声音行走。
- 在看不见的情况下，仅靠听觉来进行游戏。这需要把所有的注意力都集中在听觉上，因此对提升注意力很有帮助。

找出相同的东西

- 准备不透明的桶若干，里面放上各种各样的东西。如谷物、纸片、珠子等。
- 把相同的东西分别放在两个桶中。
- 把各种东西放入桶中，然后把东西摇乱。让孩子把装有相同东西的两只桶找出来。

- 对集中注意力有很大的帮助。

爱的电流传递

- 家人手拉手围坐成一个圈。
- 其中一个人右手用力握一下右边人的手，朝对方发送信号。照此方法传递下去。最终回到第一个发出信号的人。
- 信号回到原点之后，给信号起一个名字。不同的信号可以起不同的名字。例如，如果信号是用力握三次手，那么就可以叫作“我爱你”。
- 活动之前请对家人说“让我们感受一下大家的爱意吧”。经常玩这个游戏能让我们一想起家人就记起他们所发出的爱的信号。此游戏适合睡觉前与家人一起玩。
- 通过手指间的刺激能让注意力集中。

微信扫描以上二维码，或者搜索“爱立方家教育儿”
公众号即可加入“爱立方家教俱乐部”，阅读精彩内容：

爱立方
Love cubic
育儿智慧分享者

微信扫描以上二维码、或者搜索“爱立方家教育儿”

公众号即可加入“爱立方家教俱乐部”、阅读精彩内容：

爱立方
Love cubic
育儿智慧分享者